Glücks
UNIVERSUM

Dein Elternführerschein

Der Weg zu mehr Miteinander in Schule und Alltag

von Autorenperle

Michaela Klunker

Glücksuniversum Verlag

Bibliografische Information der Deutschen Nationalbibliothek
Die Deutsche Nationalbibliothek verzeichnet diese Publikation in der Deutschen Nationalbibliografie; detaillierte Informationen sind im Internet über **http://dnb.d-nb.de** abrufbar.

Lektorat: Marion Glück
Korrektorat: Bianca Weirauch
Autorenfoto: Dominik Pfau (www.dominikpfau.de)
Illustration: Angela Ziller
Umschlaggestaltung: Grit Gebauer, Helene Köppe, Viktoria Köppe
Satz und Layout: Marion Glück
Herstellung: BoD – Books on Demand, Norderstedt

Erstausgabe

ISBN Softcover 978-3-949536-20-5
ISBN E-Pub 978-3-949536-21-2

Glücksuniversum Verlag ist ein Imprint der
Glücksuniversum GmbH, Ruhlsdorfer Straße 120, 14513 Teltow

Wir produzieren **perfekte nichtperfekte Bücher**. Wenn du einen **FEHLER** entdeckst, ärgere dich bitte nicht. Werde zum **HELFER** und sende uns deine Anregungen an verlag@gluecksuniversum.de

Weitere Informationen zum Verlag findest du unter:
www.gluecksuniversum.de/verlag/

Ich widme dieses Buch allen Menschen, die Kinder im Leben begleiten dürfen und oft erschöpft und doch dankbar und überglücklich abends ins Bett fallen.

Ich widme es aber auch den Eltern, Erziehenden, Begleitenden von Kindern, die sich abends, wenn sie zu Bett gehen, nicht mehr leiden können. Die sich selbst wieder finden wollen, weil sie sich während des Mamaseins oder Papaseins verloren haben. Oder nie im Leben gedacht hätten, dass sie so reagieren, wie sie am Tag ihren Kindern gegenüber reagiert haben.

Ich widme mein Buch auch den Männern, die spätestens mit der Schwangerschaft ihrer Partnerin diese sogleich vermissen und denen die traute Zweisamkeit fehlt.

Ich widme es all denjenigen, die sich vielleicht als Papa auf ihre Familie mit ihrer wunderbaren Frau gefreut haben, um nach kurzer Zeit festzustellen, dass die attraktive junge hübsche Frau an ihrer Seite kaum mehr Zeit noch Lust noch Energie für sie hat. Die auf kurze und schmerzvolle Weise ihre Frau oder Freundin plötzlich als Mama kennenlernen. Als wunderbare Mama für ihre Kinder, und dennoch vermissen sie die Frau, die sie einmal kennengelernt haben. Von Sex fangen wir gar nicht erst an.

Ich widme das Buch allen Männern, die uns Frauen aushalten. Danke an alle Papas, dass sie unser Fels in der Brandung sind.

Inhalt

Nimm Kontakt zu Michaela und EfA auf.

Elternführerschein Academy
Im Schönblick 13
74564 Crailsheim

Telefon: +49 151 1077 1313
E-Mail: michaela.klunker@elternfuehrerschein.academy
www.elternfuehrerschein.academy

Vorwort

Als ich begann, über mein Buchprojekt zu reden, hörte ich des Öfteren: „Oh, ja bitte noch einen Ratgeber, aber einen, den ich verstehe und gerne lese!“. Dabei hatte ich nie vor, einen klassischen Ratgeber zu schreiben, sondern wollte meine Perspektive auf die Welt in eine fiktive Geschichte einbetten. Es liest sich möglicherweise viel leichter, an der ein oder anderen Stelle kannst du dich mit den Figuren identifizieren und dir ihre Idee oder Lösung für dich mitnehmen.

Mir war es ein Anliegen, ein Buch für alle Menschen zu kreieren, die Kinder begleiten, ob als Eltern, Erziehende oder als Lehrkraft. Doch in erster Linie wollte ich es für die Eltern schreiben, da ich in meiner täglichen Arbeit immer wieder erlebe, wo die Herausforderungen im Alltag liegen und mit welchen kleinen Kniffen und Tricks sich manche Probleme in Luft auflösen und zu einem harmonischen Familienleben führen. Ich selbst habe zwei Kinder und darf manchmal sehr schmunzeln.

Während meiner Ausbildung zur Lernbegleitung sagte meine jüngere Tochter einmal zu mir: „Mama, wann gehst du mal wieder zum Modul auf den Tempelhof?“

Ich fragte: „Warum?“, und sie meinte: „Immer wenn du von da kommst, bist du so ruhig und lächelst.“ Was macht es doch aus, sich weiterzubilden, um glücklich zu sein.

Möglicherweise werde ich früher oder später wieder von der Schreibmuse geküsst und schreibe ein Buch für die Lehrkräfte und Erzieher*innen.

Ich kann mich nicht daran erinnern, dass mir jemand vor dem Einschlafen vorgelesen hat. Deshalb tat ich es bei meinen Töchtern.

Und ich liebe es, meinen Kindern Bücher und Geschichten vorzulesen. Das mache ich seit fünfzehn Jahren. Anschließend sprechen wir über das Gelesene und manchmal auch über die „Die Moral von der Geschicht“. Das ist Familienzeit und wir lernen den anderen und seine Gedanken kennen. Für mich sind das die unvergesslichen Momente. Es war mir eine Herzensangelegenheit, meine Romanfiguren genau für diese Momente zu schreiben. Sie sollten Themen aufgreifen, hinterfragen und aufwecken, ohne zu belasten. Hinschauen kann auch freudvoll und nährend sein, wie ich in meiner Welt sage.

Zusätzlich nimmt mir die Geschichte den Druck, ein perfektes Wissensbuch abgeben zu müssen. Eine Romanform befreit mich, mein Wissen so weitergeben zu können, dass meine Meinung mit vertreten sein und sichtbar werden darf. Die Methoden sind immer als Einladung zum Ausprobieren und niemals als „so muss es gemacht werden“ zu verstehen. Das ginge auch nicht, denn wir alle sind verschieden. Vieles von dem, was ich weiß, beruht auf meinen eigenen Erfahrungen und meiner Intuition, welche sich wissenschaftlich nicht immer erklären lassen, und um ehrlich zu sein, hatte ich nicht das Bedürfnis, zu allem eine Erklärung für den Kopf zu suchen. Kinder sind ein Herzensthema und so gehe ich es lieber leidenschaftlich mit Herz an. Gleichzeitig wollte ich den Kopf aber nicht zu kurz kommen lassen und auch ein kleines Nachschlagewerk kreieren.

Du kannst mein Buch auf verschiedenen Wegen lesen. Entweder du lässt dich nur von der Geschichte unterhalten und nimmst möglicherweise den ein oder anderen Impuls nebenbei mit. Oder du machst dich mit den wichtigsten Impulsen vertraut und blätterst in das Kapitel *Auf einen Blick*. Ich selbst werde nicht gerne in meinem Lesefluss unterbrochen, deshalb habe ich auf „Wissenskästchen“ innerhalb der Geschichte verzichtet. Vielleicht magst du meine Lösung. Oder du machst einfach beides und liest jeden Tag ein Kapitel und beobachtest deine Gedanken zu meinen Impulsen innerhalb der Geschichte.

Für den Fall, dass dir zeitliche Ungereimtheiten auffallen, zum Beispiel der Bau eines Restaurants innerhalb eines Schuljahres, möchte ich dir hier gleich reinen Wein einschenken. Bitte sieh mir den ein oder anderen schreibtechnischen oder wissenschaftlich „unsauberen" Fauxpas nach. Mir war die Geschichte und alles, was für ein harmonisches Miteinander aus meiner Sicht wichtig ist, wichtiger als logisches Denken in der Zeitdimension und staubtrockene Studien. Außerdem liebe ich es unbürokratisch. Und unbürokratisch wäre der ein oder andere Großbau in der Realität innerhalb eines Jahres vielleicht durchaus machbar ...

Genug von der Technik und zurück zur Emotion. Glaub mir, bei anderen mag das Leben mit Kindern immer einfach aussehen, doch auch in diesen Familien ist es mit Sicherheit nicht immer leicht. Wie heißt es so schön? Unter jedem Dach ein Ach. Vor allem in der Pubertät kann die ein oder andere Überraschung auf einen warten. Wie wird das Kind in einer neuen Schule integriert, welche Schulform könnte gut zu meinem Kind passen und wird es die Freunde finden, die es positiv beeinflussen?

Diese und viele weitere Fragen können bei dem einen oder der anderen zu Ratlosigkeit und möglicherweise auch Hilflosigkeit führen. Ich will außerdem eine Lanze für andere Schulformen brechen, denn die Regelschule muss nicht die einzige zur Verfügung stehende Wahl für dein Kind sein.

Zusätzlich zu diesen Fragen stehen meine Klient*innen manchmal vor der Situation, dass das Zimmer ihres heranwachsenden Jugendlichen einer Müllhalde gleicht, das Kind die Schule verweigert oder das Erledigen der Hausaufgaben jedes Mal einem Drama gleichkommt. Auch hierfür habe ich aus meiner Beratungspraxis unterschiedliche Ideen und in meiner Geschichte gebe ich dir einen kleinen Einblick.

Ich möchte Eltern darin bestärken, die Eltern für ihre Kinder zu sein, die sie auch sein wollen.

Ich möchte Eltern darin ermutigen, ihre Kinder so in der Schule zu begleiten, wie sie es sich vielleicht selbst gewünscht und auch gebraucht hätten.

Den Kindern wiederum wünsche ich Eltern, die sich dafür einsetzen, dass Schule wieder in der Schule stattfinden kann, und Familie zu Hause wieder Familie sein darf.

Wenn wir unsere Kinder unterstützen und begleiten, heißt dies nicht automatisch, dass wir sie nach Strich und Faden verwöhnen und in rosa Watte packen. Dafür dürfen wir bei uns anfangen und die meisten von uns sind davon wahrscheinlich so weit entfernt wie der Mond von der Erde. Oder wann hast du dir das letzte Mal etwas Gutes getan und dir etwas nur für dich gegönnt?

Diese Freiheit, das und noch mehr zu sagen, bietet mir die Romanstruktur. Ich liebe sie, denn sie gibt mir das, was ich im Moment am stärksten brauche: Freiheit.

Ich möchte erreichen, dass du an der ein oder anderen Stelle innerlich nickst und dir schmunzelnd denkst: ‚Ja, das Problem kenne ich', oder: ‚Oh je, so ist es bei mir auch.'

Lass mich dir sagen, dass viele Themen, die wir als Probleme beschreiben, für irgendetwas da sind. Ich sage bewusst „für irgendetwas DA sind" und nicht „für irgendetwas GUT sind". Denn als gut empfinden wir womöglich ein Eis, das Meer und das Wetter. Probleme und schwierige Themen jedoch bedürfen in meiner Welt mehr Aufmerksamkeit und Achtsamkeit. Sie wollen gesehen, wahrgenommen und auch verändert werden. Dies ist oft mit Anstrengung und Nervenlassen verbunden und dennoch kann auch dieser Umstand nach einer Weile heilen, beglücken und befreien.

Wenn du zu den Menschen gehörst, die ihre Themen kennen und sie mutig, zuversichtlich und beherzt angehen, dann freue ich mich, dich irgendwann kennenzulernen. Menschen, die ihre Kinder in eine bessere Welt begleiten wollen, ohne ihre eigenen Schmerzen weiterzugeben, Menschen, die sich bewusst machen, wo ihre eigenen Grenzen liegen und die ihrer Kinder, diese Menschen begleite ich für mein Leben gerne, damit sie sich während des Prozesses selbst erfahren und besser kennenlernen dürfen. Veränderung ist ein ganzheitlicher Prozess innerhalb des Familiensystems.

Kurzum: Ich habe ein Buch für mich geschrieben, weil ich wissen wollte, ob ich auch Autorin sein kann. Der ganze Prozess war eine Herausforderung und hat mir die ein oder andere Grenze aufgezeigt. Ich habe mich anschließend entschieden, dass ich mein Buch mit dir teilen möchte und danke dir von Herzen, dass du dich mir und meinen Gedanken öffnest.

Und jetzt wünsche ich dir viel Freude,

deine Michaela

Die Vision

‚Warum gab es eigentlich kein Zauberrezept für ein entspanntes Leben mit Kindern?', dachte Cynthia Frühling, als sie sich vollkommen abgeschlagen auf die Gartenbank rutschen ließ.

Seufzend schloss sie die Augen.

In ihrem Kopf kreiselte es, während sie ihre Nase den ersten warmen Sonnenstrahlen des Frühlings entgegenstreckte.

Es war alles wie verhext.

Als Mitarbeiterin eines mittelständischen Unternehmens war sie mit englischen Sprachkenntnissen Expertin in der weltweiten Zollabwicklung und Betriebsratsvorsitzende. Doch schon zu lange fühlte sich Cynthia in diesem Unternehmen weder gesehen geschweige denn wertgeschätzt. Sie war Mitte vierzig und erzog ihre Tochter Anouk allein. Hinzu kam, dass Anouk in ihrer entwicklungsreichsten Phase, der Pubertät, steckte. Gemeinsam wohnten sie in einem Mehrfamilienhaus, in dem sich alle sehr verbunden fühlten. Der schon fast familiäre Umgang mit den anderen Mitbewohnern gab Anouk den Rahmen, den ihr ihre Mutter, wie sie selbst meinte, oft nicht geben konnte. Deshalb schätzte und liebte Cynthia ihre Wohnung in der Innenstadt nahe der Sonnenbergschule, die Anouk zu Fuß erreichen konnte.

Ein erneuter Seufzer entfuhr ihr.

„Na, Cynthia! Was liegt dir so schwer auf dem Herzen?"

Cynthia war zu müde, um die Augen zu öffnen.

Trotzdem lächelte sie, als sie die Stimme ihrer Nachbarin hörte und spürte, wie sich Elizabeth neben ihr niederließ.

Für alle war Elizabeth Reimer die gute Seele des Hauses und für

Cynthia war sie weit mehr als nur eine Nachbarin.

Sie war wie eine Mutter.

Anouk nannte sie seit Jahren einfach nur *Oma Elli*.

„Hier, möchtest du?“ Elizabeth hielt ihr einen Becher dampfend heißer Schokolade unter die Nase.

Cynthia öffnete nun doch die Augen und nahm ihr den Becher ab. „Ah, die Gute-Laune-Schoki! Danke, Elizabeth! Du weißt doch immer, wie man ein Lächeln herbeizaubern kann.“

„Du siehst mir aus, als könntest du Aufmunterung gebrauchen.“

Cynthia nickte. „Manchmal frage ich mich, ob du hellsehen kannst.“

„Das ist eine gute Frage. Früher hätte ich das abgestritten.“

„Weil du sonst auf dem Scheiterhaufen gelandet wärest?“, schmunzelte Cynthia.

Als pensionierte Lehrerin dachte Elizabeth an diese mittelalterliche Zeit in der Geschichte zurück. Glücklicherweise hatten sich die Dinge entwickelt. Als einfühlsame Lehrkraft wurde ihr häufig offenbart, was in einzelnen Familien vor sich ging. Sie kannte die Probleme der Eltern, seien es finanzielle, berufliche oder die Schicksalsschläge des Lebens. Manches sah sie in den Gesichtern der Kinder widergespiegelt, vieles las sie in ihren Geschichten, zum Beispiel im Deutschunterricht. Da brauchte man keine Hellsichtigkeit, sondern nur ein wenig Aufmerksamkeit und Leidenschaft für den eigenen Beruf, die Liebe und das Interesse an Kindern.

„Das Leben früher stelle ich mir schon schwer vor, doch heute?“ Wieder verfiel Cynthia ihren Gedanken. „Die Probleme von früher und heute sind nicht zu vergleichen. Andere Zeiten, andere Herausforderungen. Hattet ihr nach dem Krieg mit Zerstörung, Hungersnot und den seelischen Folgen zu tun, so haben wir es heute mit Überfluss, Überangebot an Informationen wie Internet, wandelnden Familienkonstellationen oder mit der wenigen Weiterentwicklung in punkto Schule zu tun. Weißt du, Elizabeth, ich sehe mich im Hier und Jetzt und es gibt einfach Tage und Momente, da kann und will ich nicht mehr. Es strengt mich einfach an, alles allein bewältigen zu müssen. Anouks Vater ging einfach, als sie 5 Jahre alt war. Wie sollte ich ihr dieses Desinteresse, meine Erwachsenenprobleme, erklären? Ich ging arbeiten. Ich hätte ihr so gerne eine leichtere Kindheit beschert. Ich habe ein echt schlechtes Gewissen." Wieder schwieg sie.

Über ihre Gefühle und wie es ihr mit ihrer täglichen Arbeit ging, wollte sie jetzt erst gar nicht anfangen.

„Wo drückt denn der Schuh?", hakte Elizabeth nach einigen Minuten einfühlsam nach.

Cynthia lachte unsicher. „Wo fange ich an?"

„Am besten da, wo es am meisten drückt", schlug Cynthias neunundsechzigjährige Nachbarin vor.

Cynthia entschied sich für das Schulthema, welches sie, und vor allem Anouk, zurzeit sehr viel Kraft kostete. „Anouk will nicht mehr zur Schule gehen. Dabei ist sie eigentlich eine gute Schülerin. Seit ein paar Wochen verweigert sie sich fast ganz und ich weiß nicht warum. Ich habe das Gefühl, sie wirft ihr Leben weg."

„Das ist in der Tat ein Problem, wenngleich das nichts mit *sein Leben wegwerfen* zu tun hat", beruhigte Elizabeth Cynthia. „Sieh einmal, was du bis heute geschafft hast. Was ihr für ein gutes Verhältnis habt. Du darfst nicht zu streng mit dir selbst sein. Ein Kind allein zu erziehen, ist eine der größten Herausforderungen, die ich kenne. Ehrlich! Oft haben Alleinerziehende den Anspruch an sich selbst, den fehlenden Partner ersetzen zu müssen. Du gehst arbeiten, um den ganz einfachen Standard im Leben zu halten und überhaupt möglich zu machen. Das sind Aufgaben, die allein kaum zu bewältigen sind."

„Ich weiß. Trotzdem habe ich im Moment Angst, Anouk zu verlieren. Ich meine Schulverweigerung, da gehört schon etwas dazu."

„Da hast du recht, Cynthia. Welche Gründe konntest du bislang aus den Gesprächen mit Anouk herausfinden? Wie gibt sie sich? Ich erlebe euch schon seit Jahren. Ich konnte schon früh sehen, dass Anouk dir immer alles anvertraut. Es ist klar, dass es jetzt in ihrem Alter weniger wird. Sie wird erwachsen. Ich kann mir vorstellen, dass Anouk im Moment selbst für sich herausfindet, inwieweit sie sich ihrer Probleme selbst stellt und wann sie dich um Hilfe bittet. Ich finde das großartig. Sie scheint sich selbst zu reflektieren und mehr und mehr auf sich zu hören."

„Ja, das kann ja sein, aber Schulverweigerung? Ich habe echt Angst um ihre Zukunft und es scheint, sie könnte doch Hilfe gebrauchen."

„Das kann ich verstehen, Cynthia. Jedoch gilt es auch zu beobachten, dass es hier um deine Ängste geht, und nicht um Anouks. Du darfst Vertrauen in euer Verhältnis haben. Das Vertrauen, das du bis heute aufgebaut hast, bleibt für immer. Gerade und eben in schweren Zeiten hast du eine wunderbare Verbindung aufgebaut. Vertraue darauf."

Als Elisabeth wahrnahm, dass Cynthia noch nicht wirklich darauf einging, fragte sie nach einer kleinen Pause vorsichtig. „Darf ich dir einen Vorschlag machen?" Cynthia nickte kaum merklich und

Elizabeth wagte sich weiter vor. „Eine Freundin von mir ist Lernbegleiterin.“

„Was ist das denn?“, fragte Cynthia überfordert. Sie hatte kaum mehr Kraft, über neue Wege nachzudenken, geschweige denn zuzuhören. Zu viele Themen waren aktuell in ihrem Alltag präsent. Trotzdem versuchte sie sich zu konzentrieren.

„Lernbegleiter nennt man Lehrkräfte an freien und aktiven Schulen. Das sind Privatschulen …“

„Ich kann Anouk aber nicht an eine Privatschule geben, das kann ich mir nicht leisten“, unterbrach Cynthia ihre Nachbarin fast panisch.

„Das musst du auch nicht“, beruhigte Elizabeth sie gelassen. Sie kannte diese Reaktion der Eltern. Bereits während ihrer Zeit als Lehrerin hatte sich Elizabeth mit ihrer Freundin über Unterrichtsmethoden ausgetauscht. Schon damals war Elizabeth davon überzeugt gewesen, dass die Art des Lernens, wie es an freien und aktiven Schulen praktiziert wurde, auch in den Regelschulen gelebt werden konnte. Wenn auch nur in Teilen, das war ihr klar.

Ihre Vision war es schon seit Langem, dass die Art des Lernens, wie in freien und aktiven Schulen, der persönliche Umgang, wie er dort gelebt wurde, an jeder Schule etabliert und eingebracht werden sollte. Dies ging aus ihrer Sicht ohne Umschweife, direkt und jetzt sofort. Davon war Elisabeth überzeugt. Zu ihrer Mission gehörte es, eine Verbindung, zwischen diesen Welten zu schaffen.

„Sieh mal, die Herangehensweise, wie Lernbegleiter mit ihren Schulkindern arbeiten, ist eine andere, als es in Regelschulen überhaupt möglich ist. Sie fragen die Kinder mehr nach ihren Befindlichkeiten. Wenn sie merken, dass ein Kind unkonzentriert, laut oder traurig ist, dann gehen sie darauf ein. Fragen, was los ist. Haken nach, um herauszufinden, was sie brauchen. Hast du Anouk schon einmal gefragt, was sie braucht, um in die Schule zu *wollen*? Oder ob sie vielleicht eine eigene Erklärung ihrer Verweigerung hat?"

Cynthia nippte an ihrer heißen Schokolade. „Ja. Anouk sagt, die Lehrer seien doof, unfair und intolerant. Sie würde nichts lernen, was sie später braucht. Sie sagt, Schule sei für sie Zeitverschwendung und mit Respekt würde man sie und ihre Mitschüler auch nicht behandeln." Cynthia hielt inne. „Freunde hat sie dort auch nicht wirklich."

Elizabeth hörte aufmerksam zu. „Hm, das leidige Thema der *doofen* Lehrer. Das kenne ich. Viele Lehrkräfte scheinen ihre Leidenschaft im Berufsalltag verloren zu haben. Vielleicht aufgrund von vollgestopften Lehrplänen und des Lehrkräftemangels, wodurch sie einfach kaum Möglichkeiten haben, auf die Individualität der Kinder eingehen zu können. Oder sie werden im Studium zu wenig vorbereitet. Von den sozial unterschiedlichsten Familienhintergründen ganz zu schweigen." Elizabeth pausierte. Dann fuhr sie fort: „Das Studium und somit die Ausbildung der Lehrkräfte hat sich kaum an die Lebensumstände der heutigen Familien angepasst. Die Bedürfnisse der Schulkinder haben sich größtenteils verändert. Eltern erziehen ihre Kinder freier, liberaler und selbstbewusster. Die Emanzipation hat sich nicht nur bei den Frauen vollführt. Auch bei den Männern und Kindern haben sich viele Veränderungen spürbar durchgesetzt. Doch in der Unterrichtsgestaltung, wie beispielsweise dem Frontalunterricht, bei dem einer spricht, während die anderen zuhören und schweigen, also dem gesamten Schulleben, hat sich nur wenig angepasst, geschweige denn verändert." Elisabeth kam richtig in Schwung. Endlich konnte sie loswerden, was sich über die Zeit in ihr aufgestaut hatte.

„Das ist wirklich alles super spannend, Elizabeth. Doch im Moment klingt das für mich nach Entschuldigungen für das Verhalten der Lehrkräfte und dafür habe ich keine Kraft. Im Moment interessiert mich nur, wie ich mit Anouk umgehen kann, um ihr zu helfen", sagte Cynthia niedergeschlagen.

„Da hast du recht. Bitte entschuldige. Es ist nur ein Herzensthema von mir, deshalb neige ich dazu abzuschweifen." Elizabeth zögerte. „Ich kann dir anbieten, mit meiner Freundin zu sprechen, die das Lernen an freien und aktiven Schulen praktiziert. Sie ist anders ausgebildet und geschult. Dadurch kann sie die Probleme der Jugendlichen anders wahrnehmen. Vielleicht weiß sie einen Rat, wie Anouk mit den wenig einfühlsamen und oft gestressten Lehrkräften umgehen kann. Was meinst du?"

Noch bevor Cynthia antworten konnte, ertönte plötzlich Anouks Stimme von hinten. Sie hatte wohl die letzten Worte aufgeschnappt.

„Ich hätte das nicht besser ausdrücken können, Oma Elli!" Anouk legte Elizabeth eine Hand auf die Schulter. „Was soll ich in der Schule? Unsere Lehrer sind mehr als gestresst! Ich halte sie kaum aus."

„Was ist denn Gravierendes vorgefallen?", fragte Elizabeth und klopfte einladend auf den Platz neben sich auf der Bank.

Anouk setzte sich und ließ sich von ihrer *Ersatzoma* umarmen. Seufzend berichtete sie: „Wir sollten im Kunstunterricht Gefühle als Pantomime darstellen. Immer zu viert. Eine Gruppe stellte Liebe dar und wollte einen Heiratsantrag zeigen. Sie haben dafür einen Ring zur Hilfe genommen. Einen echten. Wir sollten die Gefühle jedoch ohne Gegenstände darstellen."

„Das ist ja auch der Sinn einer pantomimischen Darstellung", warf Elizabeth ein.

Anouk nickte. „Exakt. Als wir uns darüber beschwerten, dass das unfair sei, sagte Frau Schneider, dass der Ring okay sei, weil man einen Heiratsantrag so ganz gut darstellen könne.“ Das Mädchen schnitt eine Grimasse, die ihr Gefühlschaos deutlich machte.

Elizabeth schnaufte. „Allein das Niederknien und einen imaginären Ring hinhalten deutet auf Liebe und einen Heiratsantrag hin. Natürlich kann man das ohne Worte und ohne Gegenstände darstellen.“

Anouk machte eine deutungsvolle Geste. „Siehst du, Mama! Oma Elli gibt mir recht!“

„Ich habe nicht behauptet, du seist im Unrecht. Ich habe nur gesagt, du kannst die Lehrerin nicht ändern“, verteidigte sich Cynthia. „Du kannst dich entweder mit ihr arrangieren oder aber mit ihr ins Gespräch gehen.“

„Unsere Kunstlehrerin unterrichtet auch Ethik, Mama. Wie soll ich sie je wieder ernst nehmen, wenn sie uns im Ethikunterricht ein Ohr über Fairness abkaut und im Kunstunterricht eine einzige Gruppe von sechs bevorzugt?“ Anouk atmete schwer.

Elizabeth legte ihr eine Hand auf den Arm. „In einem Punkt hat deine Mutter recht. Nutze deine Energie für ein klärendes Gespräch mit der Lehrerin.“

„Das haben wir doch schon probiert. Was sollen wir ihr denn noch sagen? Sie war total uneinsichtig!“

„Dann gehen wir gemeinsam zur Lehrerin und reden mit ihr, was meinst du?“, schlug Cynthia vor.

„Ach, Mama, das hat keinen Sinn. Zwanzig Schüler haben auf sie eingeredet. Sie ist stur. Sie ist so gemein! Ich gehe einfach nie wieder zur Schule! Dann muss ich solche Menschen nicht ertragen.“ Anouk blinzelte die Tränen weg.

Cynthia kannte Anouk. Cynthias Bauchgefühl sagte ihr, dass Anouk auch noch etwas anderes zu beschäftigen schien. Doch sie überging ihr Gefühl und hörte Anouk weiter zu. Sie wusste, dass sie sich schwertat, wenn Lehrkräfte nicht vorlebten, was sie selbst verlangten und vor allem von ihren Schülern einforderten. Sie agierten oft wenig als Vorbilder und das nervte Anouk besonders. Ihre Mutter hatte ihr dies anders vorgelebt und so erwartete sie es von allen Erwachsenen, besonders von ihren Lehrkräften. Doch dies war selten der Fall, kamen doch die Lehrkräfte aus einer anderen Zeit und vor allem mit einer Ausbildung, die auf Angst ausgelegt war. Aus einer Zeit, in der die Schüler zu gehorchen und zu funktionieren hatten.

‚Hinzu kommt, dass viele Lehrkräfte sich ihrer eigenen Lernbiografie nicht bewusst waren und somit viele persönliche Erfahrungen in der Schule abarbeiteten, ohne sich dessen bewusst zu sein. Eine zusätzliche Ausbildung zur Lernbegleitung an der Akademie *LernenVonInnen* wäre eine unglaubliche Bereicherung an den Regelschulen', sinnierte Elisabeth, während sie dem Gespräch der beiden folgte. Ihr Kopf war noch voller mit Ideen, seit sie pensioniert war und mehr Ruhe hatte. In der Akademie *LernenVonInnen* hatte sie mit ihrer Freundin zusammen gelernt. Die „eigene Lernbiographie" faszinierte Elisabeth am meisten.

„Dann lass mich doch mit ihr reden", beharrte Cynthia, doch Anouk schüttelte den Kopf. „Du bist nicht diplomatisch genug", wehrte sich Anouk. Sie war sich unsicher, ob sie wollte, dass ihre Mutter sich hier zu sehr einmischte. Sie wollte die Themen selbst angehen und dennoch fühlte sie sich hilflos.

„Oh, danke für die Blumen." Cynthia rollte mit den Augen.

„Nimm's leicht, Mama. Niemand ist perfekt", witzelte nun Anouk. Sie kannte ihre Mutter. Sie konnte mit ihr über alles reden. Dies waren die guten Zeichen für Elizabeth, an denen sie erkannte, dass das Verhältnis zwischen Mutter und Tochter *gesund* war.

„Ich könnte mitgehen", bot sich nun auch Elizabeth an. Sie wusste, dass Unterstützung von Außenstehenden leichter angenommen wurde als von nahestehenden Familienangehörigen, und wollte es gerne versuchen.

Cynthia schluckte. „Ihr sortiert mich aus?"

„Nein, Mama! Chill mal! Niemand sortiert dich aus!

Aber ich glaube, Elizabeth kann das besser. Schließlich war sie selbst mal Lehrerin", warf Anouk ein und war sichtbar erleichtert. Dies entging weder Elizabeth noch Cynthia.

Cynthia seufzte und widmete sich wieder ihrer heißen Schokolade. Nun entspannte sie sich spürbar. Endlich war hier eine Situation, die sie abgeben konnte. Konnte sie sich doch auf Elizabeth und Anouk verlassen. Die zwei würden das schon hinkriegen. Sie wollte lernen, sich zurückzunehmen. Anouk nahm Hilfe an, das war das Wichtigste. Als Mutter durfte sie lernen, Verantwortung an ihre Tochter nach und nach abzugeben, und ihre Jugendliche konnte das schon ganz gut, freute sich Cynthia insgeheim.

„Also gut, dann geht ihr zwei alleine und ich mache mir ein paar schöne Stunden", entgegnete sie, ohne beleidigt zu sein.

„Du hast das richtig gut gemacht, Oma Elli", lobte Anouk, als sie nach dem Gespräch am nächsten Tag auf dem Heimweg waren.

„Ich glaube, Frau Schneider wird in Zukunft aufmerksamer sein."

„Das wünsche ich uns allen und ich bin froh, dass wir dies noch vor den Ferien klären konnten", sagte Elizabeth zufrieden.

„Pass doch auf, hast du denn keine Augen im Kopf?", rief ein Junge plötzlich, der wie aus dem Nichts vor den beiden auftauchte. Elizabeth und Anouk waren so in ihre Unterhaltung vertieft gewesen, dass sie den Jungen mit dem Karton in der Hand völlig übersahen.

Während dieser stolperte, ruderte Anouk noch mit den Armen, aber es war zu spät. Sie übersah den Pflanzenkübel, stürzte auf einen am Boden stehenden Karton, der danebenstand, und sofort klirrte es ohrenbetäubend laut.

„Oh Mist!", rief Anouk.

„Ist dir was passiert?" Ein Mann kam angerannt und half Anouk beim Aufstehen.

„Tut kaum weh. Aber ich glaube, was auch immer im Karton war, ist kaputt."

„Das war das Geschirr meiner Mutter!", maulte der Junge weiter. „Jetzt können wir vom Fußboden essen." Der Junge blickte sie eiskalt an, verdrehte die Augen und wandte sich ab.

„Mach dir keine Gedanken um das Geschirr, mein Sohn meint es nicht so", entgegnete der Vater des Jungen. „Ich bin froh, dass dir nichts passiert ist."

Anouk musterte ihn.

Sie schätzte ihn etwa auf Ende vierzig. Also im Alter ihrer Mutter.

„Tut mir echt leid! Ich glaube, wir sind versichert", sagte Anouk jetzt doch etwas zerknirscht.

„Gegen den Bruch von hässlichem Geschirr? Nein, nein, das

brauchst du deiner Versicherung nicht zu melden. Du hast mir einen Gefallen getan. Ich mochte das Geschirr nicht besonders", erwiderte der Mann.

Der Vater winkte ab und Anouks Mundwinkel umspielte ein Lächeln. „Ziehen Sie hier ein?"

„Ja." Der Mann streckte ihr die Hand hin. „Ich bin Tobias, Tobias Stein."

„Anouk, Anouk Frühling", grinste Anouk und zeigte nun auf Elizabeth. „Und das ist meine Ersatzoma Elli. Elisabeth Reimer."

Tobias reichte auch Elizabeth die Hand. „Freut mich, Frau Reimer!"

„Die Freude ist ganz auf meiner Seite", erwiderte sie. „Aber nennen Sie mich gerne Elisabeth. Sind Sie nicht der Inhaber der Steinwerk GmbH?"

Tobias zog verwundert die Augenbrauen hoch. „Sie kennen meine Firma?"

„Das ist nicht schwer", sagte Elizabeth. „Mit mehr als fünfhundert Mitarbeitern ist das einer der größten Betriebe hier."

„Stimmt", lachte Tobias bescheiden. „Sie haben ein wirklich gutes Gedächtnis, wie mir scheint."

„Ich kenne mich ganz gut aus. Allerdings dachte ich immer, Sie wohnen im Villenviertel auf der anderen Seite der Stadt", überlegte Elizabeth.

Tobias' Lachen verschwand. „Das habe ich auch. Ich, wir … meine Frau … lebt dort noch. Wir haben uns getrennt. Mein Sohn und ich ziehen deshalb in diese kleine bezaubernde Villa. Sie gehörte einst meinen Großeltern."

„In diese Bruchbude, wolltest du sagen", maulte Tobias' Sohn, der zurückkam, um den nächsten Karton zu schleppen.

„Und das ist mein Sohn Benjamin.“

„Der ganz offensichtlich über den Einzug hier nicht so glücklich ist“, bemerkte Elizabeth.

„Er wird sich daran gewöhnen.“ Tobias Stein zuckte etwas unbeholfen mit den Schultern.

Elizabeth musterte Benjamin, sagte aber nichts.

„Hallo ihr zwei, wart ihr erfolgreich?“, ertönte nun eine fröhliche Frauenstimme.

Anouk drehte den Kopf. „Mama! Hallo! Ja, waren wir.“

„Das freut mich aber.“ Cynthia stand lächelnd am Gartenzaun. „Oh, neue Nachbarn?“, vermutete sie gleich.

Tobias reichte auch ihr die Hand. „Tobias Stein. Hallo.“ Er drehte sich nach hinten. „Und das ist mein Sohn Benjamin.“

„Cynthia Frühling.“ Cynthia gab Tobias die Hand und winkte Benjamin zu, doch dieser verzog nur das Gesicht.

„Er ist unglücklich darüber, dass wir hierherziehen“, entschuldigte Tobias das Verhalten seines Sohnes. „Die Trennung von mir und meiner Frau beschäftigt Benjamin sehr.“

„Das kann ich nachvollziehen“, entgegnete Cynthia mit einem verständnisvollen Lächeln.

„Kommen Sie beide doch die Tage mal auf einen Kakao vorbei, wenn Sie Lust haben“, bot Elizabeth gleich an, offen wie sie war. „Dabei können wir uns etwas kennenlernen, was meinen Sie?“

„Ich wünschte, ich könnte, aber ich habe keine Zeit“, bedauerte Tobias.

„Er hat nie Zeit. Das ist Standard“, grätschte Benjamin frustriert dazwischen.

„Ich würde die heiße Schokolade vorziehen“, sagte Cynthia. „Elizabeth macht den besten Kakao der Welt! Danach trinkt man nie wieder etwas anderes.“

„Das klingt gefährlich“, schmunzelte Tobias.

„Ist es auch“, betonte Cynthia.

„Ich schätze, dann kann ich mir die Einladung nicht entgehen lassen. Kommst du mit, Benjamin?“

„Keinen Bock.“

„Erst beschwerst du dich, dass dein Vater nie Zeit hat, und nun, wo er sich die Zeit nimmt, wimmelst du ihn ab?“, fragte Anouk ungläubig.

„Hat irgendjemand mit dir geredet, was mischst du dich bei uns ein?“ Benjamin wandte sich ab und murmelte „Blöde Kuh“ vor sich hin. Wohl wissend, dass Anouk ihn trotzdem verstehen konnte.

„Benjamin!“ Sein Vater war schockiert. „Wie redest du denn mit unserer neuen Nachbarin?!“

Anouk blickte getroffen zu Boden.

Sie mochte Tobias, aber sein Sohn war unmöglich.

„Benjamin, bitte entschuldige dich dafür!“

Doch Benjamin machte auf dem Absatz kehrt und verschwand im Haus.

„Tut mir leid! Ich habe keine Ahnung, was in ihn gefahren ist.“

„Er scheint unter der Trennung zu leiden“, mutmaßte Elizabeth.

„Das gibt ihm noch lange nicht das Recht, so zu reagieren“, sagte Tobias leise. „Wenn er einer meiner Mitarbeitenden wäre, würde ich umgehend mit ihm ins Gespräch gehen. Doch bei anderen Menschen fällt mir das viel leichter als mit meinem Sohn. Ich kläre das in einer ruhigen Minute mit ihm.“

Die Eskalation

Anouk war froh, dass sie Benjamin in der gesamten Ferienwoche nicht über den Weg gelaufen war.

„Guten Morgen!“ Freundlich lächelnd schob Arne Müller einen Jungen vor sich her in die Klasse. „Ich darf euch einen neuen Schüler vorstellen. Das ist Benjamin Stein.“

„Guten Morgen!“, sagte die Klasse 9b im Chor.

Anouk verdrehte die Augen, als sie ihren unfreundlichen Nachbarn erkannte.

Herr Müller, der Klassenlehrer von Anouk, deutete auf einen freien Platz. „Du kannst dich da vorn zu Anouk hinsetzen. Sie ist eine ruhige Schülerin und wird dich sicherlich nicht vom Lernen abhalten.“

Anouk stöhnte innerlich.

„Haben Sie nicht einen Platz neben einem Jungen?“, fragte Benjamin leise, als auch er Anouk erkannte.

Herr Müller hob beide Augenbrauen. „Angst vor Mädchen?“

Einige in der Klasse kicherten, als sie Benjamins Geflüster vernahmen.

Benjamin sah diese so strafend an, dass sie sofort verstummten.

Einer der Jungs, Tim, war beeindruckt von Benjamins Blick und hob die Hand. „Er kann bei mir sitzen.“ Nur mit einem Kopfnicken verwies Tim seine Banknachbarin auf den freien Platz neben Anouk, damit neben ihm frei wurde. Benjamin nahm den Platz gerne an und setzte sich.

Herr Müller war erleichtert, dass eine schnelle Lösung gefunden wurde. „Dann können wir ja beginnen.“

Anouk konnte Herrn Müller gar nicht richtig zuhören und starrte stattdessen Löcher an die Tafel. Keines der Mädchen mochte sie.

Sie hatte nur eine Freundin und sie war der Meinung, sie brauchte auch keine anderen. Mit ihrer Freundin Anne verstand sie sich ganz gut, aber Anne war ganz oft nicht da. Sie war ständig krank, wegen Kreislaufschwäche oder was auch immer.

Anouk hatte keinen Bock auf Schule.

Was sollte das auch bringen?

Sie fühlte sich unwohl, von den Schülern nicht wahrgenommen und oft wie ein Schatten, den man gerne übersah.

Jetzt kam auch noch ausgerechnet dieser unmögliche Nachbarsjunge in ihre Klasse!

Konnte der Tag schlimmer werden?

Er konnte.

Als es zur Pause klingelte, schnappte sich Anouk ihr kleines Etui und machte sich auf den Weg zur Toilette.

Doch sie kam nicht weit.

Benjamin und Tim schnitten ihr den Weg ab.

„Musst du ausgerechnet in meine Klasse gehen?", rief ihr Benjamin entgegen und erntete Gelächter von seinem neuen Freund.

„Lass mich in Ruhe!" Anouk versuchte, sich an den Jungs vorbeizudrängen, aber sie verstellten ihr den Weg.

„Willst du dich auf dem Klo schminken?", fragte Tim höhnisch. „Kann ich dir nur von abraten. Du bist so hässlich, dass nicht mal die Kosmetikindustrie Abhilfe schaffen kann."

Benjamin lachte und klatschte Tims Hand ab.

Anouk blieb stehen und atmete tief durch.

Wie kamen die Erwachsenen eigentlich darauf, dass man als Kind gerne zur Schule gehen würde, wo sich die Dummheit dieses Erdballs vereinte und im Pulk auf harmlose Menschen losging?

Sie wünschte, Anne wäre hier. Ihre Freundin war unglaublich schlagfertig und ließ sich nichts gefallen, das wusste Tim. Darum nutzte er die Gelegenheit zum Gängeln auch nur, wenn Anne krank war.

„Gehen Mädels nicht immer zu zweit aufs Klo?", fragte Benjamin gespielt nachdenklich.

Tim grinste. „Klar. Aber Anouk hat nicht nur einen bescheuerten Namen, sie hat auch einen bescheuerten Ruf. Niemand will was mit ihr zu tun haben und Anne, mit der sie manchmal abhängt, wird regelmäßig krank von ihrer Anwesenheit."

„Alter, die wird krank von Anouks Aura?" Benjamins Augenbrauen verließen fast das Gesicht.

„Als wenn du wüsstest, was eine Aura ist", sagte Anouk leise.

Sie setzte sich wieder in Bewegung und wollte gerade in die Mädchentoilette verschwinden, als sich Benjamin ihr in den Weg stellte und sie wegschubste. „Was hast du gesagt?"

„Nichts. Verstehst du ohnehin nicht."

„Was du gesagt hast, will ich wissen!", knurrte er sie an.

„Nichts", murmelte Anouk noch einmal und schaffte es gerade so in die Toilette.

Nur wenige Tage später verlief der Zusammenprall mit den Jungs nicht mehr so glimpflich.

Anne war mal wieder zu Hause und Anouk quälte sich allein durch die Hofpausen.

„Na, wieder allein?“, fragte Tim angsteinflößend.

Anouk ignorierte ihn und Benjamin, doch die Jungs folgten ihr in der Pause überallhin.

Anouk knurrte der Magen.

Sie wünschte, es gäbe eine Cafeteria oder einen simplen Speisesaal, wo sie etwas essen und den Angriffen dieser beiden Mobber entfliehen konnte.

Doch so einen Ort gab es nicht.

Sämtliche Anläufe von Lehrern, Eltern und Schülern, einen Mittagstisch mit Speisesaal einzuführen, waren bisher fehlgeschlagen.

Die Schulleiterin hielt nichts von Mittagessen in der Schule. Der Aufwand sei zu groß, sagte Frau Haferstroh immer. Doch dies schien eher eine Ausrede zu sein.

Anouk ging zur Mädchentoilette, um den Jungs zu entkommen, doch die beiden überholten sie und stellten sich ihr in den Weg.

„Lasst mich in Ruhe!“

„Wie heißt das Zauberwort?“, fragte Benjamin.

„Bitte!“ Feindselig betrachtete Anouk Benjamin.

Er hatte eine sportliche Figur und durch den Reichtum seiner Eltern war er sofort äußerst beliebt bei den coolen Mädchen. Doch Anouk gehörte nicht zu den coolen Mädchen.

„Das war nicht laut genug“, sagte Tim.

Anouk zog die Augenbrauen hoch. „Geh mir aus dem Weg, bitte!“

„Sonst was?“

Anouk überlegte fieberhaft, was sie antworten sollte, aber ihr Kopf war wie leer geblasen.

Die zwei schafften es immer wieder, sie so unter Druck zu setzen, dass sie einen totalen Blackout hatte.

Das ging so weit, dass sie nicht einmal mehr im Unterricht mitdenken konnte.

„Was sagt eigentlich dein Vater dazu, dass du Mädchen quälst?“, wandte sich Anouk an Benjamin und nahm dafür ihren ganzen Mut zusammen.

Bevor sie auch nur einatmen konnte, hatte sie Benjamins Faust im Gesicht.

Der Schlag hallte so laut im Gang wider, dass sich sämtliche Schüler umdrehten. Wie erstarrt blickten alle auf Anouk und warteten ihre Reaktion ab. Jeder kannte Tim und wusste, zu was auch er in der Lage war. Niemand traute sich einzugreifen. Den neuen Mitschüler kannten sie nicht und konnten ihn nicht einschätzen. Alle waren wie gelähmt und standen völlig überfordert abseits, froh, dass es sie selbst nicht betraf.

Anouk trieb es die Tränen in die Augen. Fieberhaft überlegte sie, wie sie reagieren sollte, wie Anne reagiert hätte, aber ihr Kopf war restlos leer gefegt.

Innerhalb von Sekunden hatte sie eine Beule in der Größe eines Tischtennisballs im Gesicht.

„Alter, wie sieht die denn aus?“, rief Tim mit einer Mischung aus Faszination und Ekel.

Erschrocken wich Benjamin zurück und packte Tim am Arm. „Komm, wir verschwinden!“

So schnell sie konnte, rannte Anouk in die Mädchentoilette und blickte in den Spiegel. Sie sah übel zugerichtet aus.

Ihre Haut unter dem linken Auge am Wangenknochen hatte eine riesige Blase gebildet.

Ein Mädchen kam herein und blieb bei ihrem Anblick erschrocken stehen. „Himmel, das sieht echt schlimm aus!“ Sie nahm ein paar Papierhandtücher und machte sie nass. „Hier, nimm die, um zu kühlen!“

„Danke!“, sagte Anouk und hielt sich das stinkend nasse Altpapier an die Wange.

Tränen liefen über ihr Gesicht.

Sie hasste die Schule.

Sie hasste die Schüler.

Sie hasste ihr Leben in der Schule.

Da klingelte es schon zur nächsten Unterrichtsstunde.

„Kommst du klar?“, fragte das Mädchen.

Anouk nickte weinend.

Zitternd setzte sie sich auf die Fensterbank und blieb eine gefühlte Ewigkeit sitzen, bis irgendwann die Tür aufging und Frau Schneider hereinkam.

„Anouk, was machst du hier? Warum bist du nicht im Unterricht?“

Anouk hatte den Kopf gesenkt und blickte jetzt zur Lehrerin. Ausgerechnet Frau Schneider, ihre Kunst- und Ethiklehrerin, musste sie hier finden.

Erschrocken wich Frau Schneider bei Anouks Anblick zurück. „Anouk, was hast du denn gemacht? Gott, das sieht ja schlimm aus! Du musst zu einem Arzt!“

„Geht schon wieder“, krächzte Anouk, aber die Lehrerin ließ sich nicht abwimmeln.

Schluchzend folgte ihr Anouk zum Sekretariat.

Als sie dort ankam, holte Frau Schneider einen Kühlakku aus einem kleinen Kühlschrank und sagte zur Sekretärin: „Frau Ansing, rufen Sie bitte den Notarzt an! Es gab einen Unfall.“ Sie stockte. „Wie ist das überhaupt passiert?“

„Das wollen Sie nicht wissen", sagte Anouk leise.

Die Lehrerin verharrte. „Will ich das nicht?" Sie musterte ihre Schülerin. „Ich befürchte, wir kommen um einen Unfallbericht nicht herum. Du wirst es mir also erzählen müssen."

„Später", erwiderte Anouk mit zitternder Stimme.

Als der Notarzt ein paar Minuten später ankam, besah er sich Anouks Auge. „Hmm, das sieht nicht gut aus. Ich werde dich zur Augenklinik bringen müssen."

„Nein", widersprach Anouk. „So schlimm ist es doch nicht!"

„Naja." Der Notarzt holte tief Luft. „Der Schlag, den du abbekommen hast, könnte deine Netzhaut gelöst haben und dann könntest du erblinden. Möchtest du auf einem Auge blind sein?"

„Blind?"

„Schlag?", rief Frau Schneider erschrocken.

„Was dachten Sie denn? Dass Ihre Schülerin gegen das Waschbecken gekracht ist?" Der Mann in weißer Kleidung schnaufte. „Ich arbeite seit über zwanzig Jahren als Notarzt und ich sehe, wenn sich jemand durch einen Sturz oder durch eine Schlägerei verletzt hat."

„Anouk! Du hast dich geprügelt?" Frau Schneider war sichtlich pikiert.

„Nein!" Anouk war genervt. Sie hatte keine Lust, die Situation zu erklären.

Warum ging Frau Schneider automatisch davon aus, dass *sie* sich geprügelt hatte?

„Ich würde sagen, Sie haben ein Gewaltproblem an der Schule und sollten das dringend klären“, wandte sich der erfahrene Arzt an die Lehrerin. „Ich sehe sofort, was los ist. Zwanzig Jahre Schulerfahrung. Die Entwicklung, die ich beobachte, dürfte weder mir noch Ihnen gefallen.“

Frau Schneider schnaufte empört. „So ein Blödsinn! Wir haben doch kein Gewaltproblem hier! Das wird eine einmalige Sache gewesen sein. Wer sollte so was tun?“

„Das hier hat zumindest jemand getan! Ich gehe davon aus, dass es kein Erwachsener war. Wissen Sie, ich behandle öfter diese Art von Verletzungen. Immer wieder sind das auch Schüler von Ihrer Schule.“ Der Notarzt blickte die Lehrerin prüfend an. „Nur weil Sie ein Problem negieren, heißt das nicht, dass es nicht existiert.“

„Es hat keinen Sinn, mit den Lehrern an dieser Schule darüber zu diskutieren“, sagte Anouk plötzlich.

‚Und mit Frau Schneider schon gar nicht‘, fügte sie in Gedanken hinzu.

Frau Schneider stemmte ihre Hände in die Hüfte. Sie gehörte bereits zu den betagteren Lehrkräften an der Sonnenbergschule und mochte Veränderungen wenig. Auch Probleme angehen war nicht gerade ihre Stärke. „So etwas gab es früher nicht …“, beliebte sie zu sagen. Währenddessen kam Frau Haferstroh, die Rektorin der Schule, aus ihrem Büro und beobachtete diese Szene aus nächster Nähe. „Was ist passiert?“

„Anouk ist verletzt“, erklärte Frau Schneider etwas trocken. „Und überhaupt, Anouk, was soll das heißen, es lohnt sich nicht, darüber zu diskutieren?“

„Dass Sie alle sowieso keine Ahnung vom Leben haben! Keiner von Ihnen! Wir lernen hier nur Mist. Die Schüler sind alle doof und die Schule sowieso!“ Die Worte brachen aus Anouk heraus, dass sie sich selbst erschrak. Tränen folgten und sie lief ganz schnell aus dem Sekretariat.

Der Notarzt folgte ihr. „Anouk, warte! Lauf nicht weg! Das ist schlecht für dein Auge."

„Ich pfeife auf mein Auge!"

Er holte sie ein. „Warte, Anouk! Ich bringe dich jetzt erst mal weg von hier und in die Klinik, okay?"

„Okay, aber ich will nicht mehr zu den Lehrern", sagte Anouk kaum hörbar.

„Geht klar." Der Arzt hakte Anouk unter und führte sie zum Rettungswagen.

Frau Schneider und Frau Haferstroh kamen ihnen nach. Frau Schneider fuhr Anouk an: „Anouk, ich erwarte noch ein klärendes Gespräch! Sag deiner Mutter, dass ich sie sprechen will." Sie steuerte auf den Krankenwagen zu und stellte sich dem Notarzt in den Weg.

Noch immer schien Frau Schneider die Situation zu unterschätzen.

Der Arzt schob die Lehrerin beiseite. „Vielleicht sollten Sie lieber das Gespräch mit demjenigen suchen, der das Mädel so zugerichtet hat."

„Also ...", empörte sich Frau Schneider wieder. „Was nehmen Sie sich eigentlich heraus?"

Anhand der Körpersprache des Arztes wurde ihr in diesem Augenblick bewusst, dass sie langsam eine Grenze überschritt.

Der Notarzt schloss die Tür. Dann stellte er sich dichter vor die Lehrerin und sprach langsam und leise. „Ich habe schon einige Fälle ins Krankenhaus gebracht und kann sehr wohl zwischen Tätern und Opfern unterscheiden. Und ich erkenne, wie schwerwiegend dieser Übergriff ist. Ich empfehle Ihnen dringend, mit den Beteiligten zu sprechen, und ich sehe ganz deutlich: Dieses Mädel hier ist schwer am Auge verletzt worden und die Verletzung kommt nicht durch einen Sturz. So, wie sie sich verhält, geht es ihr schon länger schlecht. Wenn hier nicht sogar Mobbing dahintersteckt."

„Anouk?“ Besorgt stand nun Frau Haferstroh neben Frau Schneider und blickte völlig betroffen durchs offene Fenster in den Rettungswagen hinein. „Stimmt das? Wurdest du geschlagen?“

Anouk nickte und wischte sich die Tränen von den Wangen.

„Von wem?“

Die Scham und Angst, gemischt mit der Gelähmtheit der letzten Wochen, wurden sichtbar. Sie sagte kein Wort und schüttelte nur den Kopf.

Der Arzt ging noch einmal auf die beiden Lehrkräfte zu. „Es hat den Anschein, als ginge dieses Mobbing schon über einen längeren Zeitraum. Sie scheint auch das Vertrauen in Sie verloren zu haben.“

Er kannte diese Situationen aus seinem Berufsalltag und wusste, dass die Schuldfrage zwar oft gestellt wurde, jedoch wenig lösungsorientiert und hilfreich war.

„Ich kläre das“, sagte Frau Haferstroh zu Anouk gewandt und verschwand.

Der Notarzt setzte sich neben Anouk auf den Fahrersitz. „Menschen können ganz schön gemein sein, was?“

„Ja“, schniefte Anouk. „Ich hasse Menschen.“

„Das kann ich nachvollziehen. Doch wir dürfen nicht alle in einen Topf werfen, Anouk, auch wenn es schwerfällt“, sagte der Notarzt. „Wer hat dir denn ins Gesicht geschlagen?“

„Der neue Nachbarsjunge, der seit ein paar Tagen in meine Klasse geht“, würgte Anouk nach längerem Schweigen hervor.

Der Notarzt nickte verständnisvoll.

„Das ist ein besonders arroganter Mistkerl mit null Manieren“, fuhr Anouk fort.

Der Notarzt schmunzelte. „Wusstest du, dass das Universum Rechnungen schreibt?“

„Wie meinen Sie das?“, fragt Anouk verwundert. Solche philosophischen Bemerkungen kannte Anouk nur von Oma Elli und manchmal von ihrer Mutter.

„Ich bin überzeugt davon, dass jeder Mensch das im Leben zurückbekommt, was er aussendet. Eben in Rechnung gestellt bekommt. Wünschen wir allen Menschen, dass mehr Gutes wieder zurückkommt.“

„So was wie Karma?“, fragte Anouk nach.

Der Notarzt lächelte. „Exakt. So was wie Karma und das da heute“, er deutete auf Anouks Wange, die sich langsam lila färbte, „kostet richtig viele negative Karmapunkte.“

„Das will ich hoffen“, schnaufte Anouk, obwohl sie nicht zu den Menschen gehörte, die anderen Schlechtes wünschte. Doch in diesem Fall war es ihr kaum möglich, objektiv zu bleiben.

Am selben Nachmittag.

„Herr Stein, gut, dass ich Sie gerade treffe …“

„Frau Frühling, was kann ich für Sie tun? Ich habe wenig Zeit.“ Abgehetzt blieb Tobias stehen.

„Ich habe auch nicht viel Zeit. Ich muss ins Krankenhaus.“

Bestürzt kam Tobias näher. „Ist etwas passiert?“

„Das kann man wohl sagen.“ Cynthia holte tief Luft. „Ihr Sohn“, sie machte eine nachdenkliche Pause, „Ihr Sohn hat meine Tochter krankenhausreif geschlagen.“

„Was?“ Erschrocken stockte Tobias. „Das kann nicht sein.“

„Leider doch!“, sagte sie scharf. „Es kann sein und ist passiert!“

„Um Gottes willen! Ich kann das gar nicht glauben. Wenn Sie erlauben, komme ich mit.“

„Nein, das möchte ich nicht! Ich möchte Anouk zuerst einmal allein sprechen. Aber Sie sollten dringend mit Ihrem Sohn reden. Darum möchte ich Sie jetzt schon bitten!“

Just in diesem Moment kam Elizabeth aus dem Haus. „Hallo, ihr zwei! Ihr seht so aufgebracht aus. Was ist passiert?“

Cynthia zückte ihr Handy und zeigte Elizabeth ein Foto von Anouk.

„Herr im Himmel, wie ist das denn passiert?“

Tobias linste ebenfalls. Schockiert und wortlos starrte er ungläubig auf das Bild.

„Benjamin hat Anouk in der Schule geschlagen, als sie auf die Toilette gehen wollte. Offenbar wollte er sich vor seinen neuen Freunden beweisen“, schnaufte Cynthia.

„So kenne ich meinen Sohn gar nicht“, gestand Tobias. Seine Miene zeigte deutlich seine Betroffenheit.

Elizabeth wandte sich an Tobias. „Tobias, Sie sollten mit Ihrem Sohn reden. Es gibt Methoden, so ein Verhalten gleich einzudämmen, bevor es sich wiederholt und womöglich in Mobbing ausartet.“

„Das ist doch jetzt schon Mobbing!“, entrüstete sich Cynthia.

„Wobei ich dich vollkommen verstehen kann, doch wir sollten nicht zu schnell urteilen. Damit es unter Mobbing fällt, fehlen mehrere Details und Einzelheiten.“

„Was brauchst du noch an Einzelheiten?“, wurde Cynthia etwas lauter.

Elizabeth verstand die Gefühle und Besorgnis von Cynthia. „Ich schlage vor, du fährst jetzt erst mal in die Klinik und holst Anouk ab, falls sie nach Hause darf“, sagte Elizabeth mit ruhiger Stimme.

„Und Sie", Elizabeth wandte sich wieder an Tobias, „reden morgen mit Ihrem Sohn, nachdem wir alle drei morgen Nachmittag *vorher* eine heiße Schokolade hatten. Ist das ein Angebot?"

„Ich soll erst morgen Abend über die Angelegenheit sprechen?", hakte Tobias ungläubig nach.

Elizabeth nickte. „Ja. Erst einmal sollten wir der Sache auf den Grund gehen. Alle Seiten des Vorfalls anhören, die Emotionen beruhigen und dann mit Bedacht vorgehen. Sie wollen Ihren Sohn doch nicht aus dem Haus treiben, sondern das Problem an der Wurzel packen, nicht wahr? Dazu ist es wichtig, die Nachricht erst einmal zu verdauen, Gefühle zu ordnen und Ruhe einkehren zu lassen."

„In Ordnung", fügte sich Tobias. Es gab einen großen Unterschied zwischen persönlichen und geschäftlichen Vorfällen, wie er jetzt spürbar erfahren durfte.

Am nächsten Tag stand der gemeinsame Kakao an. Unruhig, unter diesen ungewöhnlichen Umständen sich etwas unsicher fühlend, saßen Cynthia und Tobias bereits auf der Bank und warteten auf Elisabeth.

„Komisch, Elizabeth ist sonst immer überpünktlich", sagte Cynthia mit komischem Gefühl im Magen.

„Naja, sie ist jetzt schon eine halbe Stunde zu spät. Das ist nicht einmal mehr annähernd pünktlich", sagte Tobias mit Blick auf die Uhr.

Cynthia erhob sich und ließ Tobias zurück. „Ich klingele eben bei ihr."

Minuten vergingen, bis Cynthia wieder auftauchte.

„Es öffnet niemand. Ich hoffe, ihr ist nichts passiert.“

„Hallo Mama!“ Anouk kam zeitgleich über den Rasen gelaufen.

„Hallo, mein Schatz! Was macht dein Auge?“

„Es schmerzt noch. Aber nicht mehr so schlimm. Der Augenarzt meinte, ich habe Glück gehabt.“

„Das tut mir wirklich sehr leid, Anouk“, sagte Tobias zerknirscht beim Anblick des beträchtlichen Veilchens.

Anouk rang sich ein Lächeln ab. „Sie können ja nichts dafür. Zumindest nicht direkt.“

„Nicht direkt? Wie meinst du das?“, fragte Tobias überrascht.

Anouk zuckte mit den Schultern. „Naja, Oma Elli sagt immer, Kinder sind das Spiegelbild ihrer Eltern. Vielleicht schlagen Sie Ihren Sohn ja?“

Tobias klappte die Kinnlade herunter. „*Nein*! Wo denkst du hin? So etwas würde ich nie tun!“

„Anouk!“, erschrak Cynthia, als sie diese Anschuldigung hörte.

Anouk blickte betreten beiseite. „Aber es hätte ja sein können.“

„Ja, du hast recht. Das hätte sein können“, stimmte ihr Tobias zu. „Aber ich verabscheue Gewalt. Mein Anteil könnte eher darin liegen, dass ich für Benjamin nie Zeit habe. Früher habe ich ihn oft mit dem Tablet beschäftigt und jetzt, wo er groß ist, schottet er sich ab und will nichts mehr von mir wissen.“

„Oma Elli wüsste, was zu tun ist“, bemerkte Anouk.

Cynthia horchte auf. „Weißt du, wo sie ist? Sie wollte uns eigentlich vor gut vierzig Minuten hier treffen.“

„Sie musste heute Morgen zu ihrer Schwester fahren. Der ging es nicht gut.“

„Ach herrje“, sagte Cynthia besorgt. „Na, hoffentlich ist es nichts Schlimmes.“

Tobias stand auf und wechselte das Thema, als wäre er in Gedanken schon weiter. „Ich würde mich dann entschuldigen. Ich muss noch mal kurz zur Buchhandlung.“

„Zur Buchhandlung? Was wollen Sie denn da?“, fragte Anouk neugierig.

Cynthia schnalzte mit der Zunge. „Anouk, das geht dich nichts an.“

„Lass nur“, erwiderte Tobias, „ich habe ein Buch über Mobbing bestellt. Das will ich lesen. Ich bin so sehr über Benjamins Verhalten schockiert, dass ich etwas tun will. Dafür werde ich mir die Zeit nehmen, und wenn es nachts ist.“

„Duzt ihr euch?“, fragte Anouk überrascht und nur mit halbem Ohr zuhörend.

Cynthia war der Patzer ebenfalls aufgefallen. „Bisher nicht.“

Erschrocken hielt Tobias inne. „Entschuldigung, das ist mir so rausgerutscht.“

Cynthia streckte ihm spontan die Hand entgegen. „Ich bin Cynthia.“

„Tobias.“

Anouk hakte ihre Mutter unter. „Na, dann trinken wir unsere heiße Schokolade eben dieses Mal zu Hause und dir viel Spaß beim Lesen, Tobias!“

„Für dich war das *Du* nicht bestimmt“, meinte Cynthia zu Anouk spaßig.

Tobias winkte ab. „Ach was, wir sind Nachbarn. Das passt schon. Bis später, ihr zwei!“

Anouk und Cynthia winkten und gingen ins Haus.

Schimmel im Zimmer

„Anouk, wie sieht es denn hier schon wieder aus?", sagte Cynthia einige Tage später.

„Mama, chill mal! Ich mach' das später."

Cynthia verdrehte die Augen. „Anouk, das ist echt ein Müllhaufen. Schau dir allein mal die ganzen Teller und Becher an. Die schimmeln schon! Und dieser riesige Klamottenberg!"

„Na, und? Das ist mein Zimmer und nun geh raus!"

„Was hast du denn so Dringendes zu tun, dass du nicht mal aufräumen kannst?"

„Ich schaue gerade 'ne Serie an und nun stör mich nicht länger!"

„Anouk, so geht das nicht! Ich will, dass du aufräumst, oder muss ich dir das Tablet wegnehmen?"

Hilflos drohte Cynthia ihrer Tochter, wohl wissend, dass sie die Strafe doch nicht durchziehen würde. Sie verfiel immer wieder in *alte* Verhaltensmuster ihrer eigenen Erziehung und im selben Moment wurde ihr klar, dass dies zu gar nichts führte, außer zu Protest und Widerstand.

Anouk stöhnte. „Nee, Mann! Chill mal!" Sie stand vom Bett auf und schob ihre Mutter aus der Tür. Kaum war Cynthia draußen, wurde die Tür von innen abgeschlossen.

Postwendend drehte sich Cynthia wieder um, denn sie verabscheute schon immer abgeschlossene Türen. Abgeschlossene Türen bedeuteten für sie *keine Hilfe von außen möglich*. Diese Erfahrung hatte sie selbst als Kind gemacht. „Anouk, schließ bitte sofort wieder auf! Ich komme auch nicht rein, versprochen. Ich halte es nicht aus, nicht zu dir kommen zu können, solltest du Hilfe brauchen."

„Ich brauche keine Hilfe, Mama!", kam es von innen.

„Ich weiß, und trotzdem, Anouk, bitte öffne!" In diesem Fall blieb Cynthia konsequent.

Das Schloss sprang von innen auf, die Tür blieb dennoch zu.

„Besser?", fragte Anouk genervt.

„Ja", entgegnete Cynthia erleichtert.

Daran konnte sie immer gut fühlen, dass sie noch eine gute Verbindung zu Anouk hatte, gerade in ihrer entwicklungsreichsten Zeit.

An sich selbst stellte Cynthia immer wieder fest, dass sie ihre eigene Innenarbeit sehr anstrengte. Sie hatte sich mit der Geburt von Anouk vorgenommen, einiges anders zu machen, als sie es selbst erlebt hatte. Mit mehr Liebe, Einfühlungsvermögen und Verständnis wollte sie ihrer Tochter begegnen. Dies gelang ihr mal mehr und mal weniger. Oft, wenn sie das Gefühl hatte, eine Auszeit zu brauchen, etwas Ruhe und Abstand haben wollte, zog sie sich auf die Gartenbank zurück. Sie plumpste förmlich auf die Bank und ließ ihren Gedanken freien Lauf.

Seit Cynthia wusste, dass Elisabeth bei ihrer Schwester war, waren doch schon wieder einige Tage vergangen und sie hatte bis eben nichts von ihr gehört.

„Na, Ärger?“

Cynthia wirbelte herum. „Elizabeth! Du bist wieder da?!“

„Ja, meiner Schwester geht es wieder besser.“ Elizabeth stützte sich auf der Bank ab. „Mit Tobias habe ich schon gesprochen. Es tut mir leid, dass ich euch versetzt habe. Er hat mir kurz erzählt, dass er bereits ein Gespräch mit Frau Haferstroh und Herrn Müller hatte. Lust auf eine heiße Schokolade?“

„Sehr gerne“, sagte Cynthia lächelnd.

Die Zeit, die Elizabeth für die Zubereitung des Kakaos brauchte, nutzte Cynthia, um Revue passieren zu lassen, was eben vor sich gegangen war. Dass Tobias bereits mit der Schule gesprochen hatte, nahm sie zur Kenntnis. Doch ihre Gedanken waren bei Anouk und ihrem Verhalten.

Wie so oft tauchte Elli einige Minuten später mit zwei dampfenden Bechern wieder auf.

„Hattest du Streit mit Anouk?“

„Sieht man mir das an?“, fragte Cynthia erschrocken.

Elizabeth schmunzelte. „Das ist nicht schwer zu erraten. Außerdem sitzt du auf der *Bank der Sorgen*.“

„Die *Bank der Sorgen*?“ Cynthia lachte leise. „Das klingt ein wenig stigmatisierend.“

Elizabeth lachte leise. „Da hast du allerdings recht. Dann nennen wir sie doch die *Bank der Lösungen*.“

Cynthia stimmte in ihr Lachen ein. „Das gefällt mir. Sehr sogar.“

„Na, dann trink und vertraue mir deine Sorgen an, damit ich der Bank auch alle Ehre machen kann mit ihrem neuen Namen. Lass uns zusammen nach Lösungen Ausschau halten", munterte Elisabeth sie auf.

„Eben ging es nur um Anouks Chaoszimmer." Sie machte eine Pause. „Jedoch beschäftigt mich mehr das Mobbingproblem an ihrer Schule. Das Zimmerthema ist das eine. Da geht es eher um meine, nicht um Anouks Befindlichkeiten, und dass ich diese Unordnung nicht aushalte. Bei dem Mobbingthema bin ich mir da nicht so sicher." Wieder versank Cynthia in ihren Gedanken.

„Bist du dir sicher, dass es sich um Mobbing handelt? Mobbing hat bestimmte Kennzeichen."

„Welche denn?"

„Zunächst gibt es ein Machtungleichgewicht. Wenn Übergriffe über einen längeren Zeitraum geschehen und mehrere Wochen oder gar Monate andauern."

„Anouk meinte, das ginge schon seit Wochen so. Seit Benjamin kam, ist es nur schlimmer geworden. Das würde auch ihre Schulverweigerung erklären. Ihre einzige Freundin, wenn man das Mädchen überhaupt so nennen kann, ist oft nicht da und dieser Tim soll wohl maßgeblich beteiligt sein. Ihr Auge heilt wieder, aber was ist mit ihrer Seele?"

„Vielleicht hat sich Benjamin dann nur dem Mobber angeschlossen, als Assistent sozusagen", meinte Elizabeth, die nun ebenfalls Mobbing nicht mehr ausschloss.

„Assistent?" Stirnrunzelnd blickte Cynthia Elizabeth an. „Ich befürchte, du musst vorne anfangen. Ich kenne mich mit Mobbing nicht so gut aus."

„Gerne." Sie nahm einen großen Schluck Kakao. „Beim Mobbing hast du Täter und Opfer. Dazu kommen die Übergriffe, die über einen längeren Zeitraum andauern beziehungsweise sich wiederholen. Das Opfer schafft es oft nicht, sich selbst zu helfen, und je weiter die Übergriffe voranschreiten, umso weniger ist das Opfer in der Lage, sich daraus zu befreien."

„Ein hilfloses Opfer also?", hakte Cynthia nach.

Elizabeth nickte. „Ja, das trifft es ganz gut."

Tobias stand plötzlich am Gartenzaun.

„Ich sehe, hier wird heiße Schokolade ohne meine Anwesenheit getrunken?", ertönte Tobias' Stimme.

Erschrocken drehten sich die beiden Frauen um.

„Verzeihung, ich habe mich fast schon herangeschlichen. Darf ich rüberkommen?"

„Gerne", sagte Cynthia, während Elizabeth die Vertrautheit sehr wohl wahrnahm. „Darf ich mich auch auf die heilige Bank setzen?"

„Du darfst", lud Cynthia ihn ein. „Das ist die *Bank der Lösungen*", klärte sie ihn auf.

„Wow, das klingt interessant. Ich glaube, so etwas brauche ich in meinem Unternehmen auch."

„Willst du auch eine heiße Schokolade? Ich habe noch etwas da", fragte Elizabeth. Tobias bemerkte das Du und freute sich. Es war schon lange her, dass eine ältere Person ihn ungefragt duzte, weil er jünger war. Er kannte dies von früher: Die ältere Generation darf die Jüngeren duzen, diese jedoch müssen beim Sie bleiben, bis die Älteren das Du anbieten. Es störte ihn nicht, es brachte ihn eher zum Schmunzeln.

„Sehr gerne, Frau Reimer."

„Elisabeth bitte, ich bin Elizabeth." Sie reichte ihm die Hand.

„Tobias. Und ja, ich nehme sehr gerne deine Schokolade an."

Elizabeth freute sich und verschwand kurz. Sie liebte es, neue Menschen kennenzulernen, und war insgeheim stolz darauf, dass sie immer noch locker flockig das „Du" anbot. Ganz so, wie sie es schon immer getan hatte. Das kannte sie von Damen in ihrem Alter kaum. Diese bestanden aufgrund ihres Alters auf das „Sie". Sie glaubten, dadurch mehr Respekt von „den Jungen" zu bekommen.

„Elizabeth ist gerade dabei, mich über das Thema Mobbing aufzuklären", berichtete Cynthia.

Tobias nickte. „Ich habe mich auch belesen."

„Dann war das das Buch, welches du dir vor einigen Tagen gekauft hast? War es hilfreich?"

„Ja. Mitsamt Lösungsansätzen. Dadurch, dass am Ende jedes Kapitels eine Zusammenfassung stand, kam ich sehr zügig damit durch. Ich liebe Bücher, die kurz und knackig Themen auf den Punkt bringen."

„Und was bedeutet das? Was konntest du für dich und Benjamin herausziehen?"

„Ich hatte umgehend einen Termin mit Herrn Müller und Frau Haferstroh. So wurde es im Buch empfohlen. Auch professionelle Hilfe wird einem darin nahegelegt. Ich würde auch gerne einen Termin mit dir ausmachen, da es mir wichtig ist, dass auch wir beide darüber sprechen. Was meinst du?"

„Du willst einen Termin mit mir haben?", fragte Cynthia verdutzt.

„Ja. Du bist die Mutter des Opfers", antwortete Tobias.

„Wow!" Cynthia war sichtlich beeindruckt. „Ich sehe schon, du lässt nichts unversucht."

Elizabeth kam heraus und reichte Tobias einen großen Becher.

Lächelnd setzte sich Elizabeth wieder zu den beiden auf die Bank und während Tobias versuchte, einen Schluck aus seinem Becher zu nehmen, fasste Cynthia für Elisabeth kurz zusammen, was sie eben gesprochen hatten. Noch immer fassungslos über das Gesprächsangebot wandte sie sich wieder an Tobias.

„Sonst wäre er sicherlich auch nicht so ein erfolgreicher Geschäftsmann", brachte sich Elizabeth wieder ein.

Tobias lächelte. „Stimmt. Ich analysiere die Problemlage, um dann mit Lösungen um die Ecke zu kommen, und ich habe gelesen, dass es enorm wichtig ist, dass sowohl die Lehrkräfte als auch die Eltern und Kinder mit eingebunden werden. Es nützt nichts, wenn sich die Eltern die Köpfe heiß reden oder aufeinander losgehen, während die Kinder in der Schule weiterkämpfen. Es bringt auch nichts, wenn wir das Feld allein den Lehrkräften überlassen, damit diese es richten. Wenn ich sehe, dass so etwas in der Schule möglich ist, dann frage ich mich schon: Wo sind die Lehrkräfte? Wieso verhindern sie es nicht? Wie kann es überhaupt dazu kommen? Außerdem könntest du, Cynthia, auch Anzeige gegen meinen Sohn erstatten, doch das möchte ich vermeiden und mit dir und Anouk ins Gespräch gehen. Ich denke, das ist für Anouk und eben auch für Benjamin sehr wichtig. Ich möchte vor allem Anouk das Gefühl geben und ein Zeichen dafür setzen, dass ich auf keinen Fall das Verhalten meines Sohnes so stehen lassen kann, und für Benjamin wünsche ich einen Lernprozess fürs Leben."

Elizabeth räusperte sich. „Ich möchte hier mal eine Lanze für den Klassenlehrer brechen. Er kann über dieses Thema in der Tiefe nur schwerlich etwas wissen, da es ihm im Studium mit Sicherheit nur am Rande vermittelt wurde. In meinem Studium war es gar nicht auf dem Lehrplan. Wir mussten uns solche Themen in Eigenarbeit aneignen. Speziellen Unterricht gab es hierzu nicht. So kam es oft, dass wir gar nicht tiefer eingestiegen sind. Außer es hat uns selbst sehr interessiert. Doch die Zeit nahmen wir uns auch nicht immer … leider, muss ich zugeben. Wir waren oft zu wenig Lehrkräfte, wir konnten nicht überall sein."

„Anti-Mobbing-Intervention kennen Lehrer nicht vom Studium?", hakte Cynthia nach.

„Leider zu wenig", bedauerte Elizabeth noch einmal.

„Dabei ist das Thema Mobbing so weitreichend", fuhr Elisabeth fort. „Wenn ich an die Jugend von heute denke, mit Handys, Social Media und Internet … da gibt es noch eine viel weitreichendere Plattform, um Menschen zu demütigen und bloßzustellen. Allein Cybermobbing ist ein eigenes Kapitel. Doch so tief möchte ich hier gar nicht einsteigen. Es ist viel wichtiger, dass umgehend von allen Seiten hingeschaut und begleitet wird. Eben mit Aufklärungen und Fragen, Lösungen und Möglichkeiten, wie man mit Mobbing umgeht. Sei's vonseiten des Opfers, des Täters und eben auch für die Lehrkräfte und betroffenen Eltern beider Seiten."

„Von Cybermobbing habe ich auch in diesem Buch gelesen", bemerkte Tobias. „Das sollte sich mein Sohn lieber nicht leisten."

„Was würdest du tun, wenn du ihn dabei erwischst?", fragte Cynthia. „Wenn er erst mal anfängt, andere zu verprügeln, ist der Schritt zum Cybermobbing entweder schon getan oder vielleicht nicht mehr weit. Heutzutage muss man nur noch auf einen Knopf drücken. Man muss seinem Opfer nicht einmal mehr in die Augen schauen. Dies ist noch einmal eine Hürde weniger. Dann kann man seinen Triumph auch noch teilen. Nur noch ins Netz stellen und sich feiern lassen. Eine unglaubliche Vorstellung."

„Das ist richtig. Aber das soll er nur wagen, dann ...", betonte Tobias.

„Was dann?“, fragte Cynthia noch einmal.

Tobias schluckte. Mit ernster Miene drehte er sich Cynthia zu, sodass er ihr direkt in die Augen sehen konnte. „Ich habe einen sehr guten Freund, der leitet im Outback von Australien ein Erziehungscamp. Benjamin würde seine gesamten Sommerferien dort im Busch ohne Internet und Strom verbringen, bevor er auch nur blinzeln könnte.“

„Du würdest ihn in die Pampa schicken?“ Cynthia lachte verunsichert. „Wow, das ist hart.“

„Wenn das der einzige Weg wäre, würde ich so weit gehen. Er würde spüren, was es bedeutet, so mit Menschen umzugehen, wie er es tut. Machtgefühle, Dominanz, Überlegenheit und auch Unterlegenheit kann man erfühlen. Wenn das Gefühl dafür weg ist, wie soll er ein Gefühl für sein Gegenüber haben? Mir ist durchaus bewusst, dass dieses Abgeben das Schwierigste für Eltern ist, denn wir geben sie in andere Hände, geben die Kontrolle ab, müssen fremden Menschen vertrauen können, die sie dort begleiten.“

„Wem sagst du das“, warf Cynthia mitfühlend ein. Tobias ließ sich nicht unterbrechen, machte jedoch eine kurze Pause.

„Wir geben unser Bestes, das unterstelle ich uns Eltern. Doch vielleicht gibt es Situationen im Leben, die prägen unsere Kinder in Richtungen, die wir in diesen Momenten nur selten oder kaum beeinflussen oder ändern können. Dann rutschen uns die Kinder eventuell weg. Wenn ich nur annähernd das Gefühl habe, dass mir Benjamin entgleitet, warum auch immer, dann bin ich mutig genug, mir Hilfe zu holen. Hilfe, in die ich Vertrauen kann, dass sie wirkt. Gerade wenn ich das Gefühl habe, die Zügel in meinen Händen nicht mehr sicher halten zu können, dann möchte ich alles mir Mögliche getan haben. So selbstreflektiert muss ich dann eben sein. Das bin ich auch in meiner Firma. Sonst wäre ich nicht da, wo ich heute bin. Nur gebe ich zu, dass es mir bei meinem Sohn extrem schwerfällt, in den Spiegel zu schauen und ehrlich zu mir zu sein. Mir zu sagen, dass ich offensichtlich etwas Gravierendes verpasst und versäumt habe, auch wenn das jetzt ein einmaliger Vorfall war. Spätestens jetzt ist es an der Zeit, Verantwortung zu übernehmen, die ich jahrelang nicht wahrgenommen und meiner Ex-Frau überlassen habe. Ich muss dies tun, solange ich noch in irgendeiner Weise auf Benjamin einwirken kann. Sonst kommt er auf eine Bahn, die ich weder ihm noch mir wünsche."

„Das ist krass", reagierte Cynthia. Sie war spürbar irritiert und wusste nicht, was sie von dieser Einstellung halten sollte. War sie doch all die Jahre der Meinung gewesen, dass ein Weggeben von Kindern in andere Institutionen, um Probleme zu lösen, der falsche Weg war.

„Krass", wiederholte sie. „Ich war seither immer anderer Meinung. Hast du dies aus dem Buch?", hakte sie ungläubig nach.

„Vieles, doch manches wusste ich auch schon vorher. Ich war ebenfalls irritiert. Doch dann wurde dort erklärt, dass hier das Alter des betroffenen Kindes, also des Täters, eine erhebliche Rolle spielt. Wir reden hier nicht von Grundschulkindern. Wir reden von Benjamin, und er ist jetzt fast fünfzehn! Dieses Alter gibt mir eine völlig andere Handlungsmöglichkeit. Die innere Abspaltung seiner Persönlichkeit ist fast völlig abgeschlossen. Das bedeutet, dass er sehr wohl Verantwortung für sich und seine Mitmenschen übernehmen kann und vor allem sollte." Tobias holte tief Luft. „Einem Kind im Grundschulalter, also vor dem elften bis zwölften Lebensjahr, ist diese Fähigkeit noch nicht vollumfänglich zuzumuten. Die Reifung ist hier noch nicht abgeschlossen und somit sollte anders begleitet werden", gab Tobias sein Wissen aus dem Buch preis.

„Und wie willst du das Konfliktpotenzial jetzt aus der Schulklasse kriegen? Wie ich dich einschätze, hast du schon eine Lösung", sagte Cynthia hoffnungsvoll.

Tobias lächelte. „In der Tat. Nun, vergangene Woche war dieser Vorfall. In meinem Gespräch mit Herrn Müller und Frau Haferstroh haben wir gemeinsam viele Dinge besprochen. Dabei haben wir uns überlegt und sogleich einen Wandertag geplant und organisiert. Einen Wandertag mit Überraschung."

„Einen Wandertag? Wohin?"

„In ein Museum."

Cynthia überlegte. Sie war durch den Vorschlag eines Wandertages so irritiert, dass ihr die Bemerkung mit der Überraschung gar nicht auffiel. „In ein Museum? Was hat ein Museum mit Gewaltproblemen in einer Schulklasse zu tun?"

Tobias grinste. „Es gibt ein ganz spezielles *Escape-Museum*. Das ist privat geführt und sehr beliebt. Man bekommt kaum Karten."

„Und du hast vierundzwanzig Karten bekommen?" Cynthia blickte ihren neuen Nachbarn verwundert an.

Tobias nickte. „Ich habe diese Räumlichkeiten für mich und meine Mitarbeiter genutzt und dort regelmäßige Tage gebucht, um die Teamfähigkeit zu fördern." Er lächelte. „Ich habe dort von meinem Problem und von der Dringlichkeit berichtet. So machte der Besitzer es uns möglich, dass wir einen Tag für die Klasse nutzen können. Für die Karten werde ich aufkommen und wir können schon nächste Woche hingehen. Ich möchte nichts unversucht lassen. Ich sehe es vor allem als Investition in die Zukunft. Das hört sich zunächst vielleicht unglücklich an. Doch ich denke an meine Mitarbeiter von morgen. Ich möchte keine Jugendlichen einstellen, die so sind wie Benjamin und Tim im Moment. Menschen nachträglich zum Beispiel in Konfliktfähigkeit und Teamfähigkeit zu schulen, kostet unsere Unternehmen Millionen von Euro im Jahr."

„Entschuldigt, aber klärt eine alte Dame auf! Was ist ein *Escape-Museum*?"

„In diesem Museum gibt es sogenannte *Escape-Rooms*. Das ist ein nachgebauter realitätsnaher Raum zu einem bestimmten Thema, in dem die Spieler in einer vorgeschriebenen Zeit Rätsel lösen müssen, um den Schlüssel zu finden und sich aus dem verschlossenen Raum zu befreien. Das *Escape-Museum* hat gleich zehn solcher Räume. Die Klasse kann sehr gut in Vierergruppen aufgeteilt werden."

„Und dann schlagen sie sich darin die Köpfe ein?", bemerkte Cynthia skeptisch.

„Aber nein, Cynthia." Beruhigend erklärte Tobias weiter. „Allerdings werden Tim, Benjamin, Anouk und Anne in einer Gruppe eingeteilt werden und ich werde mir den Tag freischaufeln und die vier in einem der Räume überraschen. So umgehen wir, dass es kracht."

„Das ist ganz schön gewagt", gab Cynthia zu.

Tobias nickte. „Ja, und gleichzeitig braucht Herr Müller ohnehin eine Begleitung für die Gruppe, um den Tag durchführen zu können. Ich habe den Eindruck, auch Herr Müller vermisst den Zusammenhalt in der Klasse. Er beobachtet sie schon lange und hat festgestellt, dass es ihm aufgrund von Lehrkräftemangel und vollgestopften Lehrplänen oft unter den Tisch fällt, gewisse Themen mit den Jugendlichen anzusprechen. Zu schnell seien seine Schulstunden um und er könne nicht ausreichend auf die Schüler und

Schülerinnen eingehen. Er würde gerne, doch weiß er nicht, wann.“

„Und das willst du ändern, indem du sie aufteilst und in die Escape-Rooms schickst?“ Cynthia hatte ihre Zweifel.

„Im letzten Raum sind alle zusammen und die Rätsel sind fast unlösbar. Die Klasse wird sich zusammenraufen müssen, um gemeinsam innerhalb der Zeit wieder rauskommen zu können.“

„Das ist sportlich“, sagte Elizabeth nachdenklich, „aber es könnte tatsächlich funktionieren. Zumindest ist es ein Anfang! Ich mag deine Idee.“

„Dann drücken wir die Daumen, dass es klappt.“ Cynthia seufzte.

Elizabeth wandte sich direkt an Cynthia. „Vor lauter Ideen kamen wir ganz von deinem Thema ab. Hier auf unserer *Bank der Lösungen*. Doch mir scheint, dass wir für das Mobbingthema schon eine erste Lösung gefunden haben.“

„*Bank der Lösungen*“, sagte Tobias begeistert.

Elizabeth nickte. „Schöner Name, nicht wahr?“

„Ja. Das ist genial. Darf ich mir das für meine Firma kopieren?“ In Tobias’ Kopf arbeitete es sichtlich.

Cynthia lachte leise. „Dann willst du also dafür eine Bank bei dir im Unternehmen aufstellen?“

„Ja. Am besten mehrere. Viele Lösungen sind immer eine gute Sache“, entgegnete Tobias. „Das ist eine Idee, die ich gut gebrauchen und einfach umsetzen kann. Ich wünsche mir, dass meine Mitarbeiter diese dann unkonventionell und direkt nutzen können. Aber auch für diese Neuerung werde ich mir mit meinem Team etwas einfallen lassen, um all meinen Mitarbeitern meine Idee vorzustellen.“

Elizabeth lachte: „Wir reden später über die Bezahlung für diesen Tipp."

„Sehr gerne", erwiderte Tobias. „Vielleicht sollte ich dir ein paar Säcke Kakao anliefern lassen", bot er im Gegenzug an.

Elizabeth war begeistert. „Ein Angebot, über das ich nachdenken werde. Ich sehe, die Bank gibt ihr Bestes."

Sie wandte sich wieder an Cynthia. „Und nun möchte ich noch einmal auf euer Chaos-Zimmer-Thema kommen. Wie schlimm ist es? Und für wen? Für dich oder Anouk?"

Cynthia seufzte. „Ach, schon für mich und eigentlich ist es nicht so schlimm, aber es strengt mich an. Anouk hat mal wieder eine elendige Müllhalde aus ihrem wunderschönen Zimmer gemacht. Es fließt überhaupt keine gute Energie mehr. *Ich* habe das Problem mit diesem Dreck in ihrem Zimmer, das gebe ich ja zu."

„Oha! Böses Cha macht dir zu schaffen?", versuchte Elisabeth zu feixen.

„Findest du nicht, dass Unordnung und Müll zu schlechter Energie führen?", hakte Cynthia unbeeindruckt nach.

Elizabeth nickte. „Doch, da bin ich ganz deiner Meinung."

„Unordnung und Müll ist ein absolutes No-Go", kam es von Tobias. „Mit Unordnung kann ich auch überhaupt nicht umgehen."

„Ich auch nicht", stimmte Cynthia ein, „ich verstehe die Jugend nicht. Warum können sie ihre Zimmer nicht in Ordnung halten?"

„Nun, Erziehungsexperten sagen, weil Umbruch in ihrem Innern herrscht. Sie sind sehr mit sich und ihrer Verwandlung beschäftigt und das oft unbewusst. Ordnung ist nicht in ihrem Fokus. Die Umstellung ihrer Befindlichkeiten und ihres Äußerlichen beobachten sie genau und mit Spannung. Außerdem machen sie den Erwachsenen klar, wo ihre „Privatsphäre“ anfängt und aufhört. Sie markieren regelrecht ihr Revier. Denn sie können sich gewiss sein, dass so die Eltern ungern ins Zimmer kommen“, beantwortete Elizabeth ihre Frage umfangreich.

„Ist das nicht eine schwache Ausrede für verpasste Erziehungsmethoden?“, hakte Tobias nach.

Cynthia schnappte nach Luft.

Elizabeth lachte. „Aber nein. Das ist es nicht. Es liegt oft in der Natur von Pubertierenden, dass sie ihr Zimmer unordentlich haben.“

„Es gibt Ausnahmen“, warf Tobias ein.

„Ausnahmen gibt es immer. Aber diejenigen, die Ordnung halten, weil ihre Eltern das so wollen, haben möglicherweise eher Angst vor Maßregelungen und Strafen und passen sich deshalb an. Sie holen diese Phase möglicherweise später nach“, sagte Elizabeth.

„Strafen sind manchmal auch angebracht“, verteidigte sich Tobias.

Elizabeth wiegte den Kopf hin und her. „Da bin ich anderer Meinung.“

„Es ist doch nicht so schwer, Ordnung zu halten. Ich würde das bei Anouk auch gerne ändern, doch ich kann Anouk nicht mit Handy-Entzug bestrafen“, warf Cynthia ein.

„Natürlich kannst du das. Handy weg und fertig“, sagte Tobias.

„Anouk würde toben.“

„Sie kann doch aufräumen.“

„Aber ich würde mich schlecht fühlen und Anouk wäre tagelang sauer auf mich. Ich möchte ihr klarmachen, dass Unordnung und

Schimmel schlecht für sie sind. Schimmel geht niemals – pures Gift! Ich möchte, dass sie das selbst einsieht. Außerdem gehören Strafen nicht zu unserem Umgang. Ich weiß, dass ich ihr Vertrauen verlieren würde. Mit Recht. Strafen sind kein Miteinander. Strafen bedeuten Gewalt und sind für mich die schlechteste und vor allem die schwächste Variante, sich durchzusetzen."

Elizabeth wurde ganz weich und warm in ihrer Stimme. „Lass ihr den Raum, den sie braucht. Reagiere mit Verständnis auf ihr Chaos."

„Puh, das ist viel verlangt und halte ich jetzt schon kaum aus."

„… solange sie nicht im Schimmel schläft. Wenn das so wäre, dürftest du ihr klarmachen, dass das nicht geht, weil es ein Problem für ihre Gesundheit darstellt. Was ich noch viel wichtiger finde, ist, dass du ihr damit zeigst, dass sie dir nicht egal ist. Du bist besorgt um ihre Gesundheit und du bist auch für sie verantwortlich. Wenn sie das nicht einsieht, ist dies ein Zeichen, dass in ihr das Erwachsensein noch nicht genug ausgeprägt ist. Sie kann diese Verantwortung offensichtlich noch nicht für sich übernehmen. Das kannst du ihr genau so sagen. Du bist für sie verantwortlich, bis sie achtzehn Jahre alt ist, ob ihr das gefällt oder nicht. Es gefällt ihr nicht – gut, dann darf sie noch spüren, dass du sie unterstützt, auch wenn es ihr nicht gefällt."

„Ich soll zulassen, dass sie ihr Zimmer so unaufgeräumt lässt? Aus meiner Hilflosigkeit wünschte ich manchmal die alten Erziehungsmethoden zurück. Bei meinen Eltern wurde nicht diskutiert." Cynthia nippte an ihrer Schokolade und ergänzte: „War aber auch doof, ich weiß."

Elizabeth lachte. „Ich bin froh, dass sich hier vieles geändert und in meinen Augen auch verbessert hat. Was nicht bedeutet, dass es einfacher umzusetzen ist. Das ist es bestimmt nicht. Kennst du denn unterschiedliche Erziehungsmethoden außer deiner eigenen? Glücklicherweise sprach ich genau darüber mit meiner Freundin, die ich bereits erwähnt habe. Weißt du, welche ich meine? Die Lernbegleitung? Wir kennen uns gefühlt schon ewig, wir tauschen uns oft aus und dadurch erfahre ich sehr viel von ihr."

„Ja, ich erinnere mich", antwortete Cynthia jetzt interessierter als noch vor ein paar Tagen. „Welche gibt es noch?"

Elizabeth stellte ihren Becher auf den Schoß. „Nun, den Autoritarismus kennen wir alle. Das Kind lebt nach strengen Regeln, wird nicht oder nur sehr wenig in Entscheidungen einbezogen und unterliegt mehr der *Elterndiktatur*. Auch Belohnungen und Strafen prägen diesen Stil. Es wird so gut wie keine Rücksicht auf die Bedürfnisse des Kindes genommen."

„Ich erkenne die Art, wie ich selbst erzogen wurde, und teilweise auch mich ein bisschen darin wieder", gab Tobias zu. „Nur die Schläge stehen nicht auf dem Programm."

„Also ich erziehe Anouk nicht so."

„Das weiß ich", sagte Elizabeth. „Du erziehst Anouk auch nicht *laissez-faire*, sonst wäre es dir egal, ob ihr Zimmer aufgeräumt ist. Anouk ist nicht sich selbst überlassen.

Es gibt zum Beispiel noch den *demokratischen* Erziehungsstil."

„Wow! Und wie sieht der aus?", fragte Cynthia.

„Die Eltern ermöglichen ihrem Kind, sich selbst auszuprobieren, allerdings in einem bestimmten Rahmen. Alle wichtigen Entscheidungen werden zwischen den Eltern und dem Kind besprochen und erklärt. Das Kind lernt zwar Grenzen kennen, hat aber trotzdem die Chance, genügend Eigenaktivität und Selbstständigkeit zu entwickeln."

„Hm, ich würde fast sagen, das passt zu meinem Erziehungsstil, oder?“, fragte Cynthia unsicher.

„Ja, bei Anouk und dir kommt dies bereits ganz gut zum Vorschein. Jedoch, wie gesagt, fallen wir oft, mehr oder weniger bewusst und gerade in Stresssituationen, in unsere alten Rollenmuster zurück. Um dies zu verändern, bedarf es ständiger innerer Selbstbeobachtung und Eigenarbeit. Das kann ganz schön anstrengend sein.“

Elli machte eine kleine Pause.

„Demokratie *innerhalb* der Familie ist bei vielen etwas Neues, wenngleich auch Großartiges“, erwiderte Elizabeth.

„Und wenn wir Eltern auch noch gestresst sind?“, fragte Tobias.

„Bei den Eltern setze ich persönlich immer am liebsten an, denn ich finde, für unsere Kinder, die unser *liebstes Gut* sind, sollten wir alles tun, um uns selbst zu reflektieren, um ihnen gute Wegbegleiter sein zu können. Wir können es lernen, uns selbst anzuschauen, wenn es auch echt wehtun kann. Wenn es den Eltern gelingt, sich zu entspannen, überträgt sich dies postwendend auf die Kinder.“

„Das hört sich noch anstrengender an als anstrengend. Doch wenn ich Entspannung bei Benjamin erreichen kann, dann versuche ich es.“ Tobias nahm sich wieder zurück. Er spürte deutlich, wie sehr ihn dieses Thema interessierte und wie wichtig ihm Benjamin war.

Elizabeth fuhr fort: „Es gibt noch den *egalitären* Erziehungsstil. Hier herrscht absolute Gleichberechtigung zwischen Eltern und Kind. Die Ansichten und Wünsche des Kindes werden aktiv erfragt und finden im Alltag genauso Berücksichtigung wie die der Eltern. Es gibt keine familiären Hierarchien. Entscheidungen werden grundsätzlich gemeinsam getroffen.“

„Klingt paradiesisch", warf Tobias ein. „Aber ist es wirklich günstig und realitätsnah, wenn man bedenkt, dass das Kind spätestens in der Schule und im Beruf auf Hierarchien stößt?"

„Das kann ein Problem sein, da bei dieser Art das Kind auch wenig begleitet wird, wenn es Entscheidungen treffen soll, die es aufgrund seines Alters kaum treffen kann. Es kommt im Wesentlichen darauf an, wie die Eltern ihr Kind auf die Außenwelt vorbereiten. Immer wieder bedarf es der Erklärung: ‚Wir in unserer Familie machen es so, weil … und andere Familien, Einrichtungen wie Kindergarten und Schulen, oder auch Unternehmen, handhaben Themenbearbeitung anders, weil …' Dies erfordert oft viel Kraft und Zeit. Aber wenn dies stattfindet, lernen Kinder schnell und unkompliziert, dass es innerhalb der Familien anders läuft als außerhalb. In der Regel können sie gut damit umgehen", gab Elizabeth zu.

Cynthia fragte noch einmal nach. „Worin liegt noch einmal der Unterschied zwischen anti-autoritär und laissez-faire? Das sind echt viele Infos auf einmal. Bitte entschuldige, dass ich noch einmal nachfrage."

„Das ist überhaupt kein Problem. Mir ging es da genauso, Also, beim anti-autoritären Erziehungsstil ist den Eltern ganz bewusst, was sie ihrem Kind ermöglichen. Sie lassen es bewusst Dinge tun, welche es tun möchte, und dennoch ist es ihnen wichtig zu wissen, was ihr Kind macht. Viele Menschen unterstellen dem antiautoritäten Stil, dass das Kind grenzenlos machen kann, was es will. Das stimmt nur zur Hälfte. Es hat zwar viele Freiheiten, doch ist es den Eltern nicht egal, was es gerade tut. Anders ist es bei laissez-fair. Hier ist es den Eltern eher unwichtig.

Der große, für mich entscheidende Unterschied ist, was beim Kind durch das Verhalten der Eltern ankommt. Spürt das Kind: Ich bin meinen Eltern wichtig, es interessiert sie, was ich tue, und sie lassen es mich bewusst tun? Die Frage der Bewertung ist hier nicht im Fokus. Lediglich das Gefühl, wie wichtig oder unwichtig bin ich als Kind für meine Eltern. Oder: Ich bin ihnen egal."

„Was ist mit der anti-autoritären Erziehung geworden nach den Neunundsechzigern? Sie war doch so weit verbreitet?", fragte Cynthia.

„Er wurde durch den *egalitären* und *demokratischen* Stil größtenteils abgelöst."

„Hört sich für mich als Laie so an, als gäbe es nur kleine Nuancen an Abweichung zwischen den Stilen. Woher weißt du das alles?", sagte Tobias.

„Weißt du, Tobias, ich habe mich schon immer sehr dafür interessiert, was es alles gibt. Also habe ich mich nach dem Studium während meiner Arbeit immer weiter damit beschäftigt. Ich habe auch eine liebe Freundin, mit der ich mich regelmäßig fachlich austausche. Ausschlaggebend bei den Erziehungsstilen ist für mich, was wird wie um- bzw. eingesetzt. Die eigene Biographie der Eltern ist dabei ebenfalls wesentlich mitzubetrachten!

Beim *permissiven* Stil zum Beispiel halten sich die Eltern eher zurück, das Kind muss sich selbst einbringen und seine Wünsche und Bedürfnisse äußern. Man nennt dies auch einen *vernachlässigenden* Erziehungsstil. Beim *negierenden* Stil findet noch nicht einmal eine Beziehung zwischen Eltern und Kind statt."

„Auch das passt ein wenig zu mir. Da habe ich viel Erziehungsarbeit meiner Ex-Frau überlassen. Ich arbeite einfach zu viel", gab Tobias zu.

„Das passiert vermutlich vielen Eltern heutzutage versehentlich, dass sie zu viel arbeiten, oder?“ Cynthia versuchte, das schlechte Gewissen von Tobias abzumildern.

„Ja“, seufzte Elizabeth, „so ein Verhalten seitens der Eltern kann sich schnell einschleichen. Mamas wie auch Papas möchten ihre berufliche Weiterentwicklung leben. Alleinerziehende sind noch mehr gefordert, sei es emotional und auch finanziell. Wenn mir jemand sagen will, dass er Karriere und Kindererziehung unter einen Hut bringt, dann glaube ich dies nur bedingt, denn jeder Tag hat nur vierundzwanzig Stunden und jeder weiß, wie zeitaufwendig Karriere ist und wie zeitintensiv Kinder sein können. Die Karriere so wie auch die Kinder brauchen ihre Aufmerksamkeit und Konzentration und dann hat man noch nicht seine eigenen Bedürfnisse, geschweige denn seine Beziehung, sollte man eine haben, gepflegt. Hier bedarf es eines wirklich intensiven, offenen und ehrlichen Austauschs. Und nicht nur da …“

„Ich habe ein Unternehmen. Wie sollte ich mich da um Familie kümmern, oder gar um mich selbst? Das Unternehmen kann ich schlecht allein lassen. Ich habe knapp fünfhundert Mitarbeiter“, verteidigte sich Tobias.

„Bist du Unternehmer oder Selbstständiger?“, fragte Elizabeth.

„Gibt es da auch einen Unterschied?“, lachte Tobias. Er seufzte. „Leider bin ich beides. Ich bin immer noch nicht gut darin, Aufgaben abzugeben. Also mache ich es lieber selbst.“

„Dann darfst du dich auch auf diesem Feld noch entwickeln. So wie es gerade ist, muss es ja nicht bleiben. Wir alle lernen unser Leben lang. Das ist jedoch nicht immer einfach, weil es an Emotionen gebunden sein kann. Das zu Lernende ändert sich jedenfalls mit jeder weiteren Entwicklung deiner Persönlichkeit. Ach, ich höre mich an wie der Pfarrer bei seinem Wort zum Sonntag. Amen." Elizabeth lachte und leerte ihren Becher.

„Gibt es noch weitere Erziehungsmethoden?", holte Cynthia sie zum Thema zurück, denn sie schien noch nicht das Passende für sich gefunden zu haben.

„Ja, es gibt noch die *nicht direktive* Erziehung, die sich nach den Grundlagen in der Entwicklungspsychologie von Jean Piagets sowie den pädagogischen Erfahrungen von Maria Montessori richtet. Wolfgang Hinte und Carl R. Rogers haben hieraus ein Konzept entwickelt."

„Und wie sieht das Konzept aus?" Auch Cynthia leerte ihren Becher nun mit einem Zug.

„Kinder jeden Alters dürfen Tag für Tag Entscheidungen treffen, die ihren authentischen Bedürfnissen entsprechen, nicht den Vorstellungen und Forderungen der Erwachsenen. Natürlich gibt es auch hier Grenzen, denn Kinder sollen auch bei diesem Erziehungsstil begleitet und geschützt, gefördert und gestärkt werden. Jedoch geschieht dies hier in den entsprechenden Entwicklungsetappen des Kindes. Also nicht am Alter orientiert. Beispielsweise muss das Kind nicht mit einem Jahr laufen können, sondern es läuft, wenn es laufen kann, ohne dass der Begleitende darauf Einfluss nimmt. Ein weiteres Beispiel ist, dass das Kind mit ungefähr acht Monaten am Tisch mit Brei gefüttert wird. Nach ein paar Löffeln dreht es den Kopf zur Seite und signalisiert so, dass es satt ist. Wenn ich dies annehme und nicht mehr überrede, noch einen oder zwei Löffel für Oma und Tante zu essen, dann wirke ich „nicht direktiv" auf das Kind ein. Es bestimmt, wann es satt ist, und ein gesundes Hunger- und Sättigungsgefühl entwickelt sich", schloss Elisabeth.

„Ich bin skeptisch", gab Tobias zu.

„Und wie stelle ich mir das vor, wenn ich vor einem unaufgeräumten Zimmer stehe?“, fragte Cynthia.

„Wie ich schon kurz erwähnte: Du könntest deiner Tochter sagen, dass du für sie verantwortlich bist, gesetzlich bis sie achtzehn Jahre alt ist. Sobald gesundheitliche Schäden wegen Schimmelbefall oder gar der Erstickungstod durch Nichtlüften drohen, siehst du es als deine Verantwortung, Abhilfe zu schaffen. Ob es ihr gefällt oder nicht, aber schimmlige Teller dürfen nicht sein und das Zimmer lüften gehört ebenfalls dazu.“

„Ich glaube, da muss ich ganz viel meditieren, damit ich so eine Ansage durchhalte“, seufzte Cynthia. „Doch ich bin mit allem einverstanden, was Anouk und mir hilft.“

Elizabeth lächelte. „Probiere es aus.“

Der Versuch

Nachdem Elisabeth, Cynthia und Tobias ihre Becher geleert hatten, sprang Tobias über den Zaun und ging zurück nach Hause. Er fühlte sich schon wissender und das beruhigte ihn. Doch er wurde umgehend wieder auf die Probe gestellt. Mit einem freundlichen Hallo betrat er sein neues Heim.

„Ach, lass mich doch in Ruhe!“ Wütend pfefferte Benjamin seinen Rucksack in die Ecke. Auch er schien eben erst heimgekommen zu sein. „Du gehst mir auf die Nerven.“

„Benjamin, ich weiß, dass ich Fehler gemacht habe, und dies tut mir unendlich leid. Sie standen im Flur, Tobias in Richtung zur Küche, Benjamin mit dem ersten Fuß auf der Treppe nach oben. „Und hiermit entschuldige ich mich bei dir in aller Form.“ Er machte eine Pause. „Mir ist bewusst, dass ich in den letzten Jahren zu wenig zu Hause war und zu viel gearbeitet habe. Du bist mir sehr wichtig! Doch jetzt hast du für mich eine rote Linie überschritten. Ich wünsche mir, dass wir uns gemeinsam damit auseinandersetzen. Wir leben jetzt zusammen und ich dulde nicht, dass du andere schlägst. Ich war wirklich schockiert.“

Für ihn war es selbstverständlich und unabdingbar, dass er Cynthias Bitte, mit Benjamin ins Gespräch zu gehen, nachkam. Auch für ihn und Benjamin war die Auseinandersetzung wichtig und nach der gemeinsamen Schoki, dem neuen Wissen und mit viel Motivation wagte er diesen Versuch.

„Mir doch egal!?“ Benjamin schnaufte. „Ich war dir bisher auch nicht wichtig. Wie oft hätte ich *schockiert* sein können?! Oft waren andere Papas schockiert von deinem Verhalten, weil du nie mit mir zum Fußball kamst. Immer war dir deine Firma wichtiger und ich hing allein bei den Spielen, während die anderen angefeuert wurden.“

„Das weiß ich, Benjamin. Es tut mir außerordentlich leid und so, wie es jetzt gerade läuft, werde ich es auch nicht mehr laufen lassen. Mein Verhalten war nicht richtig und deins ist es im Moment auch nicht. Vielleicht können wir uns erst mal darauf einigen? Mit körperlicher Gewalt nimmt dein Leben einen Lauf, der mir Angst macht. Ich habe Angst um dich und ich verabscheue Gewalt. Was hast du dir nur dabei gedacht?" Tobias machte eine Pause und nahm durchaus wahr, das Benjamin noch nicht weggelaufen war, so wie er es schon oft gemacht hatte. Ein kleiner Erfolg.

„Ach, und was willst du dagegen tun?"

„Ich werde mir mehr Zeit für dich und mich nehmen", begann Tobias.

„Pah, das glaube ich erst, wenn ich es sehe. Wie soll das denn gehen? Du bist ja sooo unersetzlich in der Firma! Musst immer alles selbst machen, damit du die Kontrolle hast!", forderte Benjamin seinen Vater weiter heraus, denn schon so oft hatte er diesen und ähnliche Sätze von seiner Mutter gehört.

Tobias gelang es gerade noch rechtzeitig, in die Rolle des *Unternehmers* zu switchen und er bekam seine Gefühle unter Kontrolle. ‚Emotionen bringen mich hier nur wenig weiter', dachte er.

„Ich lerne ebenfalls noch dazu und habe ein Seminar gebucht, in dem ich lerne, meinen Mitarbeitern mehr zu vertrauen und Verantwortung zu übertragen. So kann ich Dinge abgeben und meine Zeit anders nutzen. Das nennt man *Empowerment*."

„Deine Vorgehensweise in deiner Firma interessiert mich nicht", reagierte Benjamin immer noch sichtlich gekränkt.

Tobias schluckte. „Benjamin, ich will dir damit sagen, dass ich alles versuchen werde, um dir ab sofort ein besserer Vater zu sein. Ich werde mehr zu Hause sein und wir könnten mehr Zeit füreinander haben."

„Na, herzlichen Glückwunsch!", sagte Benjamin ironisch.

„Es wird für uns beide nicht leicht, glaube mir. Doch ich habe dies für mich so beschlossen und ich wünsche mir sehr, dass du dich mir anschließt."

„Das ist ja wieder typisch! Du bestimmst, wie es läuft."

„Ach Mensch, Benjamin. Mach es uns doch nicht so schwer. Ich entschuldige mich für meine Fehler in der Vergangenheit, und meine Weiterbildung in punkto *Aufgaben abgeben* nehme ich sehr ernst. Wir brauchen beide Zeit. Bitte gib uns eine Chance." Benjamin ging, ohne noch ein Wort zu sagen, die Treppe hoch in sein Zimmer. Er kannte ein Einlenken seitens der Erwachsenen nicht. Seine Mutter kämpfte so lange, bis sie recht hatte, und den Lehrern in der Schule traute man sich eh nicht zu widersprechen. Seinen eigenen Vater kannte er tatsächlich in diesen Situationen nur wenig, wenn nicht sogar gar nicht. Diese Art von Auseinandersetzung kannte Benjamin nicht.

Seufzend und angestrengt wandte sich nun auch Tobias ab. Immerhin, ein Anfang war gemacht.

Auch Tobias kannte diese Gefühle nicht und suchte Ruhe. Es war noch früh am Nachmittag und die *Bank der Lösungen* zog ihn magisch an, doch ob er so einfach diese nutzen durfte? Ungefragt? Er spürte einen enormen Druck in der Brust.

Seine Firma hatte er seit Jahren im Griff. Mobbing und Denunzierungen duldete er nicht. Er konnte sich nicht erklären, woher sein Sohn dieses Verhalten gelernt hatte. Warum ließ er so viel Frust an anderen Schülern ab?

Das lebte er selbst doch gar nicht vor.

„Hallo Tobias", ertönte eine Stimme von links.

„Hallo Elizabeth", sagte er kraftlos. Er war sich nicht sicher, ob er in der Stimmung für tiefgründige Gespräche war.

„Keine Angst, es gibt nicht immer tiefgründige Gespräche mit mir“, schmunzelte Elizabeth, als könne sie wieder einmal Gedanken lesen. „Aber vielleicht möchtest du einen Becher heiße Schokolade?“

„Darf ich einen mit Sahne haben?“ Tobias fühlte sich wie ein Kind, das von seiner Großmutter zum weltbesten Gemütstrank eingeladen wurde.

Elizabeth lachte. „Von mir aus auch mit dicker Schlagsahne.“

„Danke! Das ist genau das, was ich jetzt brauche.“ Tobias fuhr sich durch die Haare.

„Komm rüber“, forderte Elli ihn liebevoll auf.

„Auf die *Bank der Lösungen*?“ Tobias lächelte. Sein Wunsch wurde offensichtlich erhört. Er spürte, wie der Stress langsam von ihm abfiel.

„Genau.“ Elizabeth winkte kurz und verschwand im Haus.

Tobias schaute sich nach allen Seiten um und sprang wieder über den Zaun.

„Nicht schlecht.“

Tobias blieb fast das Herz stehen. Er wirbelte herum. „Cynthia! Entschuldige, ich habe dich nicht gesehen.“

„Das habe ich bemerkt. ‚Chill mal‘, würde Anouk jetzt sagen.“

„Benjamin auch“, erwiderte Tobias und musste nun doch grinsen.

„Auf dem Weg zur Seelenschokolade?“, hakte Cynthia nach.

Tobias nickte. „Wer kann so einer Einladung schon widerstehen?!“

„Ich nicht.“

„Siehst du, da haben wir etwas gemeinsam. Ich auch nicht. Was gibt es Besseres als eine heiße Schokolade mit Schlagsahne und eine alte Dame, die deinen Kopf wieder zurechtrückt?“

„Na, dann will ich euch mal nicht stören und räume das Feld“, sagte Cynthia und wandte sich zum Haus.

„Wegen mir darfst du gerne bleiben“, lud Tobias sie ein.

„Im Ernst?“

„Ja, nur meine heiße Schokolade teile ich nicht.“

„Was? Nicht?“ Gespielt theatralisch verschränkte Cynthia die Arme vor der Brust.

„Das musst du auch nicht“, sagte Elizabeth, die behutsam ein Tablett vor sich her balancierte.

„Du hast drei Tassen gemacht?“, fragte Cynthia überrascht.

„Ihr Lieben, mein Küchenfenster geht genau zum Garten hinaus. Natürlich habe ich euch gesehen und dachte mir, es gibt zwei Anwärter für meine Seelenschokolade.“

Seufzend ließen sich Cynthia und Tobias mit ihren Bechern auf die *Bank der Lösungen* fallen.

Tobias legte kurz seinen Kopf in den Nacken und genoss die Sonne.

„Kinder sind so toll. Sie geben einem so viel zurück“, brummte er sarkastisch und nippte an der Sahne.

Cynthia lachte leise. „Höre ich aus deinen Worten, dass du gestresst und angestrengt bist?“

„Ich komme an Benjamin nur langsam heran. Sein Zimmer sieht zwar ordentlich aus, aber das Chaos, das er dafür in der Schule hinterlässt, brennt sich in meine Seele ein. Dieses Verhalten mit der Schlägerei beschäftigt mich unglaublich.“

„Das kann ich mir vorstellen. Wie gehst du damit um?“, fragte Cynthia nach.

„Ich hatte einen Klassenkameraden, der übel gemobbt wurde. Diese Situation habe ich als Kind kaum ertragen“, gestand Tobias.

„Ich weiß, dass er die Gemeinheiten bis heute nur schwer überwunden hat. Damals konnte ich ihm nicht helfen, ich war selbst noch ein Kind. Ich kümmerte mich mehr um mich und habe geschaut, dass sie mich in Ruhe ließen. Oft fühlte ich mich schlecht, weil ich ihm nicht geholfen habe. Deshalb ich habe mir geschworen, dass es in meinem Leben kein Mobbing geben wird. Ich will nicht, dass sich mein eigener Sohn in diese Richtung entwickelt."

„Achtest du deshalb so sehr darauf, dass in deiner Firma niemand seelisch zu Schaden kommt?"

Überrascht blickte Tobias seine Nachbarin an. „Woher weißt du das?"

„Eine Freundin von mir arbeitet bei dir. Sie ist sehr glücklich in deiner Firma und sagt, du seist ein sehr moderner Arbeitgeber mit guten Ideen für ein harmonisches Miteinander", erklärte Cynthia.

„Wow! Das nenne ich mal eine Eins-a-Rezension", sagte Tobias erfreut. „Könnte sie die schriftlich bei Kununu* abgeben? Auf meiner Homepage wäre das auch ein schönes Mitarbeiterzitat. Ach, ich habe schon wieder so viele Ideen. Deine Bank ist wirklich magisch."

„Dieses Lob hast du dir ganz offensichtlich verdient und was dieses Kunununu ist, erklärst du mir beim nächsten Mal", sagte Elizabeth. „Da wir bereits beim Thema sind, würde ich gerne ein paar Gedanken und Erfahrungen aus meiner Zeit als Lehrkraft mit euch teilen. Darf ich, auch wenn es nun doch wieder etwas tiefer geht, Tobias?"

„Gerne", antworteten Cynthia und Tobias wie aus einem Munde. Sie grinsten und ihre Blicke trafen sich.

Elizabeth entging dies nicht. Sie begann in Ruhe zu erzählen: „Ich habe den Eltern meiner Schüler damals immer gesagt: ‚Reflektiert euer eigenes Verhalten. Wie verhaltet ihr euch im Beruf, in der Freizeit und euren Kindern gegenüber? Was habt ihr für Wurzeln? Welche Erfahrungen habt ihr mit euren Eltern gemacht? Was sagt ihr zu anderen im Gespräch im Beisein eurer Kinder? Beispielsweise Sätze als müde Mama: *Oh, wegen meinem Kind konnte ich die ganze Nacht nicht schlafen! Der Bursche war so unruhig und ich musste zehnmal aufstehen. Ich bin total fertig,* oder so ähnlich hört auch das Kind.'"

„Du meinst, unsere Selbstreflexion ist wichtig für unsere Kinder, weil wir ihnen auch unbewusst ein Vorbild sind?" Tobias runzelte die Stirn.

„Ja, unbewusst sogar am allermeisten. Jeder von uns bringt sein eigenes Päckchen mit, Tobias", erklärte Elizabeth weiter, „Oftmals tragen wir noch die Vergangenheit unserer Eltern und Großeltern mit uns herum. Wir sind verwurzelt und haben zum Beispiel auch ihre Glaubenssätze verinnerlicht. Wir wurden in eine Form gepresst, die *sie* für richtig hielten und die wir unbewusst übernommen haben." Sie unterbrach ihre Rede kurz, um etwas zu trinken. „Nur wer sich und sein Innerstes hinterfragt und es kennt, wer mutig ist, in den Spiegel zu schauen und bereit ist, das anzunehmen, was er sieht, kann es verändern. Sich selbst anzunehmen, so wie man gerade ist, ist eine Voraussetzung, um Veränderungen überhaupt möglich zu machen. Sonst passiert es zum Beispiel schnell, dass man seine eigenen und nicht erfüllten Bedürfnisse auf das Kind überträgt."

„Ich kann also versuchen und lernen, mich wahrzunehmen, was ich meinem Kind vorlebe, und darauf achten, was ich für Glaubenssätze habe und was ich mit meinem Verhalten bei Benjamin auslöse?", versuchte Tobias Elizabeths Worte zusammenzufassen.

„Genau", freute sich Elizabeth.

Cynthia blies die Backen auf. „Klingt irgendwie ziemlich kompliziert."

Tobias nahm ihren Blick auf. „Für mich klingt es anstrengend."

„Ja, das trifft es noch besser", stimmte Cynthia zu.

„Wenn ich Elizabeth richtig verstanden habe, lernen Kinder durch Nachahmung. Sie übernehmen auch gleichzeitig intuitiv unsere

Glaubenssätze, weil unsere Einstellung ihr Überleben sichert. Richtig?“

Elizabeth nickte lächelnd.

„Wenn wir also bestimmte Situationen haben, wie ich jetzt zum Beispiel mit dem Mobbingverhalten meines Sohnes, dann sollte ich schauen, wie ich mit diesem Thema umgehe. Wie ist meine Einstellung dazu und wie verhalte ich mich auch in meiner Gestik und Körpersprache?“

„Ganz genau. Denn wie Romano Guardini sagte: ‚Das erste Wirken eines Erziehers ist sein Sein, das zweite, was er tut, und das dritte erst, was er sagt.‘ Und das ist sehr, sehr wichtig. Woher kann Benjamins Revolte kommen?“, fragte sich Elizabeth.

In Tobias' Kopf wirbelten die Gedanken durcheinander. „Nun, meine Ex-Frau ist ein wenig … Lass es mich *schwierig* nennen. Einer der Gründe, weshalb wir uns getrennt haben.“ Tobias hielt inne. „Nun, und ich war sehr wenig zu Hause.“

„Bei Trennungskindern haben wir die Situation noch einmal intensiver zu beleuchten. Gerade in Benjamins Alter ist es schwierig herauszufinden, warum sie sich verhalten, wie sie es tun. War er in seiner früheren Kindheit viel mit seinen Gefühlen auf sich allein gestellt gewesen, dann kann er diese mit vierzehn oder fünfzehn Jahren nicht plötzlich äußern. Das *Vokabular* fehlt quasi und für ihn ist diese Art von Kommunikation unbekannt. Was ich von dir weiß, Tobias, ist, dass er mehr oder weniger mit deiner Ex-Frau weitestgehend allein war, und sie hat ihn geprägt. Das Thema Trennungskinder füllt Bücher und es ist eine hohe Kunst, als Erwachsener eine Trennung mit Kindern auch *erwachsen* zu meistern“, fuhr Elisabeth fort. Tobias nickte und fühlte sich verstanden. „Benjamin war auch von unserer Haushaltshilfe geprägt. Dann kommt noch eine Komponente dazu“, stellte er fest.

„Umso wichtiger ist es“, fügte Elisabeth an, „sich allen Umständen und Gegebenheiten bewusst zu sein. Ein weitreichendes Feld.“

Ein weiteres Gespräch mit der Schulleitung stand nun für Tobias an. Frau Haferstroh hatte nach einigen Tagen noch einen Termin für ihn frei.

„Guten Tag, Herr Stein! Was führt Sie heute zu mir?" Frau Haferstroh war eine junge und zierliche Frau. Sie lächelte zwar höflich, wirkte aber sehr gestresst. Ihr verbissener Gesichtsausdruck ließ Tobias vermuten, dass sie womöglich wichtigere Dinge zu tun hatte, als sich mit ihm zu unterhalten.

Tobias trat nach dem Klopfen an ihrer Bürotür ein und nahm den Platz an, den sie ihm anbot.

„Frau Haferstroh, ich würde gerne ein paar Tage am Unterricht meines Sohnes teilnehmen", fiel er gleich mit der Tür ins Haus, was sonst eigentlich nicht seine Art war.

Frau Haferstroh lachte ungläubig auf. „Herr Stein, das ist eine Schule. Für Kinder. Nicht für deren Eltern. Sie können die Klasse doch schon bei ihrem Wandertag begleiten."

„Ich weiß. Aber das Verhalten meines Sohnes hat mich sehr schockiert. Ich habe seitdem öfter versucht, mit ihm zu reden. Manchmal ist es mir gelungen, manchmal wiederum nicht. Ich möchte gerne die Möglichkeit haben, herauszufinden, was Benjamin dazu bewegt hat, sich so in der Schule zu verhalten. Zu Hause macht er das nicht und beim Fußball auch nicht. Ich habe auch mit seinem Trainer telefoniert. Also, was ist es? Warum macht er das in der Schule? Ich frage mich seit dem Vorfall, was Schüler beziehungsweise Jugendliche generell brauchen und was ich tun kann, damit es für Benjamin und vielleicht auch andere Kinder besser wird."

„Ach, sie brauchen so vieles, Herr Stein. Ich kann verstehen, dass Sie verzweifelt sind. Das bin ich auch öfters", antwortete Frau Haferhaferstroh resigniert.

Es klopfte an der Tür.

„Herein!“

Ein älterer Mann mit Hornbrille betrat den Raum. Frau Haferstroh wandte sich an Tobias: „Herr Stein, ich war so frei und habe Herrn Müller ebenfalls zum Gespräch gebeten, da ich bereits vermutete, dass es noch einmal um das Verhalten Ihres Sohnes gehen könnte.“

An Herrn Müller gewandt, sagte sie: „Nehmen Sie Platz, Herr Müller.“

„Sehr gerne. Hallo, Herr Stein.“ Herr Müller nahm sich einen Stuhl und setzte sich neben Tobias.

„Herr Müller“, fuhr Frau Haferstroh fort, „bevor Sie eben dazukamen, bat mich Herr Stein darum, einige Tage in der Schule verbringen zu dürfen, um herauszufinden, was den Schülern und Jugendlichen guttun könnte. Habe ich Sie so richtig wiedergegeben, Herr Stein?“

„Ja, so könnte man das sagen. Ich dachte an eine Studie, die ich selbst an der Schule durchführen könnte. Vielleicht wäre auch eine Befragung der Lehrkräfte möglich. Auch sie möchte ich mit einbeziehen. Es gehören doch alle Sichtweisen aufgezeigt. Was brauchen Sie als Lehrkräfte zusätzlich zu dem, was Ihnen aus offizieller Quelle zur Verfügung gestellt wird?“ Er wandte sich wieder an Frau Haferstroh.

„Ich möchte im Unterricht sitzen und beobachten, wie die Schüler miteinander umgehen, welche Möglichkeiten sie als Ausgleich zum Unterricht haben. Pausenattraktionen oder Ähnliches.“

Stirnrunzelnd blickte Herr Müller den Vater seines Schülers an. „Das ist nicht Ihr Ernst?!“

„Doch, Herr Müller. Zufällig wohne ich nun im Nachbarhaus von Anouk, dem betroffenen Mädchen, Sie wissen schon. Ich bin auch mit ihrer Mutter im Gespräch. Wir versuchen wirklich herauszufinden, was unsere Kinder brauchen. Wir fragten sie, was schön wäre zu haben, und ich sagte bewusst *schön*, denn schöne Dinge leisten wir uns im Zusammenhang mit Schule und Arbeit doch oft zu wenig. ‚Können wir uns nicht leisten' hörte ich schon meine Mutter sagen. Anouk meinte, sie würde gerne mehr Rückzugsmöglichkeiten haben, vor allem in den Pausen, damit sie sich nicht jedes Mal auf die Toilette zurückziehen muss, um ein wenig Abstand von ihren Mitschülern zu haben. Wir fragen uns, warum sich die Kinder gerade in der Schule so verhalten. Sie sagen auch, dass zum Beispiel die Pausen so kurz wären."

„Naja", entgegnete Herr Müller, „den Stunden- und Pausenplan können wir eben nicht ändern."

„Das ist mir klar, Herr Müller. Jedoch könnte ich doch herausfinden, was noch gut für unsere Kids wäre." Tobias lächelte. Er hatte längst eine Idee im Kopf. „Ich werde mich ruhig und unauffällig verhalten."

Herr Müller und Frau Haferstroh runzelten die Stirn und schauten sich skeptisch an. Dann sagte Frau Haferstroh: „Das können Sie gar nicht. Sie werden auffallen wie ein bunter Hund."

„Ich verstehe, was Sie meinen. Wenn ich ganz offen und ehrlich sprechen darf, Frau Haferstroh, Herr Müller. Ich weiß bereits von Anouk und Benjamin, dass sie es gut fänden, wenn sie nicht zwischen dem Vormittags- und Nachmittagsunterricht mit dem Bus nach Hause kommen müssten, um etwas zu essen. Viel lieber würden sie *mit Freunden abhängen*, wie sie so schön sagen, oder sich eben in der Schule an einem ruhigen Ort auch zurückziehen könnten. Da habe ich mir gedacht, dass ich nach meinen Berechnungen mit allem Drum und Dran bereit wäre, ein Restaurant in Form eines amerikanischen Bistros auf Ihrem Schulgelände zu bauen. Ich werde Menschen und Sponsoren für unser Projekt begeistern. Mit einer Cafeteria dieser Art könnten wir den Jugendlichen einen Ausgleich sowie gesundes Essen zu günstigeren Preisen bieten. Den meisten Eltern wird es wichtig sein, dass ihre Kinder gesund und ausreichend ausgeglichen essen. Zusätzlich stärkt gemeinsames Essen die Gemeinschaft. Sie könnten den Kindern und Eltern meine Anwesenheit als *Bedarfsstudie* erklären, sollte dies erforderlich sein", schloss Tobias.

Beide Lehrer schauten ihn überrascht an. Das Kinn hing ihnen fast am Boden. Sie trauten ihren Ohren nicht.

„Haben Sie eine Ahnung, was so etwas kostet?", fragte Frau Haferstroh perplex. „Das können wir uns gar nicht leisten. Nicht einmal Fördergelder würden wir dafür bekommen."

Tobias lächelte „Ja, ich stimme Ihnen zu, es ist nicht ganz billig. Doch wie ich schon sagte, habe ich mir bereits ein grobes Konzept überlegt. Mit so einem Projekt würden viele Menschen in die Zukunft unserer Kinder investieren. Es wäre schließlich auch ein *Spenden*-Projekt und kein Schulprojekt, welches Sie aus Ihrer eigenen Tasche zahlen sollen."

„Das ist mit Sicherheit ein Millionenprojekt", sagte Herr Müller fast geistesabwesend.

„Ich weiß." Tobias holte tief Luft. „Ich habe in meinem Unternehmen selbst ein sehr schönes Restaurant gebaut. Deshalb weiß ich, dass so ein Restaurant das Betriebsklima verbessert. Vor allem die älteren Schüler müssten nicht mehr zum Supermarkt um die Ecke gehen und sich dort ungesunde Snacks kaufen, weil sie Hunger haben. Gesundes Essen auch in der Schule würde dazu führen, dass die Schüler gesund bleiben und weniger krankheitsbedingte Fehltage hätten. Ein solches Projekt zeigt ihnen, dass wir sie wertschätzen, und unsere Werte können sie wiederum für sich und ihre Freunde übernehmen. Durch den American-Diner-Stil würde die Atmosphäre locker und ungezwungen sein. Das entspannt die Gemüter und gibt Schülern den Raum, sich außerhalb des Unterrichts austauschen zu können. Wenn sich die Kids hier wohlfühlen, gibt es auch viel mehr Miteinander."

Frau Haferstroh und Herr Müller tauschten seltsame Blicke aus, während es in Tobias' Kopf auf Hochtouren arbeitete. Jetzt, wo er sich ausgesprochen hatte, war er so begeistert von seiner Idee, dass er sich durch nichts von niemandem abbringen lassen wollte.

„Ich finde Ihre Idee interessant. Wenn Sie eine Woche hier wären, könnten Sie für Ihr Projekt analysieren und dokumentieren und mit

Sicherheit lässt sich das mit der ein oder anderen Stunde Hospitation verbinden. Das kann ich unterstützen", stimmte Herr Müller zu. „Was meinen Sie, Frau Haferstroh, das hört sich doch vielversprechend an, oder?"

Frau Haferstroh seufzte fast geistesabwesend. „Ich weiß nicht …"

„Worüber denken Sie nach? Wollen Sie diese Möglichkeit nicht nutzen?", hakte Tobias nach und fügte schnell hinzu: „Sehen Sie all die Vorteile, Frau Haferstroh. Ich schlage Ihnen vor, dass ich lediglich für zwei oder drei Tage in den Unterricht schnuppere und mich dann um die Sponsoren für den Bau eines Schulrestaurants kümmere."

Frau Haferstroh zuckte erschrocken zurück. „So war das nicht gemeint. Ich frage mich nur, wer dann die Personalkosten trägt. So ein Koch, der frisches Essen zubereitet, wird monatliche Personalkosten verschlingen. Wer soll das alles bezahlen?"

„Frau Haferstroh, lassen Sie uns einen Schritt nach dem anderen machen. Ich bin zuversichtlich, dass ich in meinem Netzwerk noch einige Unternehmer ins Boot holen kann, sodass wir dieses Projekt für die nächsten Jahrzehnte finanziell absichern können. Ich bin Unternehmer, ein sehr guter sogar. Ich mache keine Pläne, die sich hinterher als finanzielles Desaster entpuppen. Mein Konzept stelle ich Ihnen selbstverständlich vor, wenn ich alle Informationen zusammenhabe."

Sie atmete tief aus. „Also gut. Dann machen Sie Ihre Analysen in unserer Schule. In der Zeit finden wir hoffentlich Zeit für einen gemeinsamen Kaffee und Sie erzählen mir mehr und zeigen mir vielleicht Ihre Restaurantpläne. Ich informiere dann die zuständigen Stellen und Behörden und mache den offiziellen Teil dafür klar. Auch den Elternbrief über Ihre Anwesenheit werde ich veranlassen." Sie machte wieder eine kleine Pause und überlegte. „Bitte sprechen Sie Ihre Anwesenheit mit Herrn Müller ab. Spontan fällt mir der Sportunterricht ein und wir haben ja den Wandertag. In diesen Zeiten sind die Kinder am ehesten sie selbst und bewegen sich freier als beispielsweise im Matheunterricht."

„Sehr gut. Ich strecke auch schon einmal meine Fühler aus. Ich habe ohnehin noch ein paar Termine mit unserem Stadtrat."

„Sie meinen es wirklich ernst, nicht wahr?", hakte sie immer noch ungläubig nach.

Frau Haferstroh fühlte sich, als hätte sie im Lotto gewonnen. Sie wollte sich noch nicht wirklich freuen, um später keine Enttäuschung verarbeiten zu müssen.

Sie lächelte „Wenn Sie das wirklich umsetzen, Herr Stein, dann haben wir ein unglaubliches Projekt für unsere Schule. Dann kann ich auch wieder die Bewerbung für eine *Schule ohne Rassismus – Schule mit Courage* angehen. Das wäre ja unglaublich." Frau Haferstroh ertappte sich bei ihren Tagträumen.

„Es freut mich sehr, dass Sie das so sehen, Frau Haferstroh."

Als Tobias und Herr Müller ihr Büro verlassen hatten, stand Frau Haferstroh noch lange am Fenster und schaute auf den Schulhof ihrer Sonnenbergschule. Seit acht Jahren war sie jetzt hier. Die riesigen Bäume auf dem Pausenhof, die wunderbaren Schatten spendeten und Schutz boten, die Tischtennisplatten und auch das Klettergerüst gaben ein rundes Bild für sie ab. Sie erinnerte sich an den Tag ihrer Einstellung als Lehrerin an dieser Schule. Damals war sie war gerade mal fünfunddreißig Jahre alt und voller Energie und Leidenschaft. Sie liebte, was sie tat, jedoch tat sie es noch nicht so, wie sie es liebte. Seit knapp zwei Jahren war sie jetzt Rektorin. Damals hatte sie es als Chance gesehen, um mehr bewirken zu können. Doch die Realität des Alltags hatte sie schnell eingeholt. Immer weniger Lehrkräfte standen zur Verfügung, immer mehr Schüler wollten an die Sonnenbergschule. Die Sonnenbergschule war eine Gemeinschaftsschule mit all ihren Stärken und Schwächen. Die Umstellung damals verlief ganz vielversprechend, doch dann merkten die Lehrkräfte bald, dass es eine große Herausforderung war. Alle zogen an einem Strang; Eltern, Elternbeiräte, Rektorat, Lehrkräfte und Förderverein. Sie taten, was sie konnten, und dennoch war immer zu wenig Zeit für die Belange der Kinder und Jugendlichen.

Doch was war dieser Vorschlag eben von Herrn Stein! Sie konnte ihr Glück kaum fassen. Was für eine Möglichkeit! Sie würde alles daransetzen, dass dieses Projekt umgesetzt werden könnte!

Voller Energie rief sie nach dem Gespräch ihre Sekretärin an. „Frau Ansing? Ist die Frist für die Anmeldung zur *mobbingfreien Schule* oder wie das hieß schon abgelaufen?"

Verwundert gab Frau Ansing ihr gleich die Antwort: „Sie meinen *Schule ohne Rassismus – Schule mit Courage?* Ich habe den Termin für morgen im Kalender stehen, Frau Haferstroh. Ist das denn noch interessant für uns?", fragte sie zurück und schmunzelte.

„Ja, JA, auf jeden Fall! Wir machen mit! Jetzt, heute, gleich! Das hat oberste Priorität. Bitte bereiten Sie mir den Entwurf vor."

Die Sekretärin freute sich nicht nur über die Entscheidung der Rektorin, sondern über die wiedergekehrte Kraft ihrer Chefin. Frau Ansing begleitete das Sekretariat schon über fünfzehn Jahre und konnte genau sehen, wie kraftvoll Frau Haferstroh damals in dieser Schule begonnen hatte und wie sie sich über die Jahre verändert hatte. Auch sie würde alles daransetzen, dass die Freude und die Leidenschaft in der Sonnenbergschule wieder Einzug erhielten. Dann würde auch den Kindern geholfen werden, die sich als *Mobber* outeten, weil sie Hilfe von den Erwachsenen einforderten.

Der „Wandertag“

Währenddessen saß Elizabeth auf der *Bank der Lösungen* und telefonierte.

Cynthia wollte nicht stören und sich gerade wieder wegdrehen, doch Elizabeth hatte sie bereits gesehen und winkte sie zu sich.

Sie wollte Elisabeth ohnehin nur erzählen, dass Benjamin sich gestern bei Anouk entschuldigt hatte. Anouk hatte es ihr beim Abendessen erzählt und war erleichtert und überrascht zugleich.

Möglichst leise ließ sich Cynthia auf der Bank nieder und obwohl sie eigentlich nicht hatte lauschen wollen, konnte sie trotz größtmöglicher Anstrengung nicht weghören.

„Maria, wenn dein Enkelkind nicht lernen will, hat es einen Grund. Max ist in der ersten Klasse. Jedes Kind ist wissbegierig und ganz wild darauf, zur Schule zu kommen. Wenn es dann nicht lernen will, stimmt etwas nicht.“

„Lizzy, früher hat doch auch niemand danach gefragt, ob wir zu irgendetwas Lust haben. Ich finde, Max sollte lernen, ob er nun will oder nicht“, ertönte die Stimme von Elizabeths Schwester Maria.

„Das sagst du als ehemalige Lehrerin? Vielleicht hat er Probleme mit den Augen“, fragte Elizabeth nach.

Ihre Schwester lachte am anderen Ende der Leitung. „Probleme mit den Augen? Er sitzt den lieben langen Tag am Handy oder am Tablet. Da funktionieren seine Augen hervorragend. Er könnte höchstens auf Dauer etwas kurzsichtig werden.“

„Vielleicht hat er Probleme mit der Händigkeit und kann den Stift nicht gut festhalten? Bei einigen Kindern ist die Feinmotorik in dem

Alter manchmal noch nicht so weit entwickelt. Dann haben sie generell keine große Motivation, etwas zu tun, weil es schlichtweg zu anstrengend ist. Sie können es auch nicht erklären oder gar beschreiben. Das können sie in diesem Alter noch nicht."

„Das kann ich mir nicht vorstellen."

„Aber in der Schule lernt er doch mit den anderen Kindern, und zwar mit Freude, richtig?", hakte Elizabeth nach.

„Ja. Willst du mir jetzt wieder mit deinen komischen Argumenten kommen, dass Hausaufgaben Müll sind und abgeschafft gehören?", erzürnte sich Maria.

Elizabeth grinste. „Du kennst mich zu gut, Schwesterherz!"

„Ich habe noch von keiner Pädagogin gehört, die Hausaufgaben abschaffen wollte. Sogar der Deutsche Lehrerverband ist für die klassischen Hausaufgaben."

„Das weiß ich. Maria. Trotzdem bin ich der Meinung, dass Hausaufgaben nur für die Kinder geeignet sind, die gerne noch zusätzlich lernen *wollen*. Hier ist für mich das Wollen entscheidend. Es bringt gar nichts, wenn sich das Kind quält. Unter solch widrigen Umständen kann doch gar nichts im Kopf des Kindes hängen bleiben. Deshalb sollten nur die Kinder Hausaufgaben bekommen, die sie gerne machen und diejenigen entlasten, für die es völlig ausreichend ist, dem Präsenzunterricht zu folgen." Elizabeth holte tief Luft. Sie hatte sich heißgeredet. „Das heißt ja nicht, dass diese Kinder nicht wollen. Dies zeigt lediglich auf, dass der Unterricht am Vormittag völlig ausreicht und am Nachmittag gar nicht mehr vom Gehirn aufgenommen werden kann. Vielmehr bin ich sogar dafür, dass man den *Fleiß*, wie wir ihn in der Nachkriegszeit benannt haben, nicht an den Hausaufgaben festmachen sollte."

„Hausaufgaben haben doch auch Vorteile, Elizabeth. Die Kinder setzen sich mit dem Stoff auseinander und lernen ihn durch die Wiederholung."

„Wie gesagt, für Kinder, die das gerne machen, mag das zutreffen. Es muss aber auch gesehen werden, wenn ein Kind gar nicht mehr verarbeiten kann! Kinder sollen spielen dürfen und den Raum dafür bekommen. Wenn sie spielerisch lernen, lernen sie viel leichter. Durchs Spielen werden Gedanken, Gefühle und Erlebtes verarbeitet und umgesetzt. Wenn wir diesen Freiraum nehmen, kann keine Entwicklung stattfinden. Sie wird einfach plattgemacht. Verstehst du?"

„Ach, die Kinder von heute werden in meinen Augen zu sehr in Watte gepackt!"

„Jetzt werde ich aber gleich sauer", unterbrach Elizabeth ihre Schwester. „Wusstest du, dass schlechte Schüler eher ihre Hausaufgaben vergessen oder beim Sitznachbarn abschreiben? Sie sind vollkommen auf diese hausaufgabenfreie Zeit angewiesen. Sie brauchen Entwicklungszeit."

„Abschreiben ist auch der Weg des geringsten Widerstandes", entgegnete Maria nur noch schwach.

„Maria, du weißt, auf was ich hinauswill. Sei ehrlich zu dir. Du weißt und sagtest selbst, dass Max zu viel am Handy und Tablet sitzt. Das ist das eigentliche Problem und nicht die Hausaufgaben, die machen die Themen nur sichtbar."

„Ich sage meiner Tochter ja immer, der Junge guckt zu viel in diese Geräte."

„Der Medienkonsum sollte wirklich altersgerecht eingeschränkt werden. Tablets und Computer sind mittlerweile für jeden bezahlbar geworden. Es werden nur selten Absprachen mit den Kindern und Jugendlichen getroffen, dabei ist es wichtig, wie lange und wie viel konsumiert werden darf. Viele Eltern übernehmen hier oft zu wenig die Verantwortung. Ach, ich mag Verallgemeinerungen überhaupt nicht und schon gar nicht, wenn es sich um ein so präsentes und auch weitreichendes Thema wie Medienkonsum handelt. Ich empfehle den Eltern, ganz genau und vor allem individuell auf die familiäre Situation zu schauen." Elizabeth seufzte. „Ich würde es begrüßen, wenn jeder, der sich ein Urteil über andere erlaubt, genau betrachten würde, wie die Konstellation zu Hause ist. Oft sind die Eltern mit sich beschäftigt. Mit ihrem Beruf, ihrer Karriere oder kämpfen schon im Alltag ums finanzielle Überleben. Ach, Maria, das ist ein langes Thema. Bleiben wir bei deinem Enkel. Er schaut zu viel und ist zu viel mit den Geräten allein. Das gilt es zu ändern, in welcher Form auch immer. Wenn du magst, dann bringe ich mich gerne einmal ein", bot Elizabeth sich an. Schon so oft hatte sie dieses Thema mit ihrer Schwester besprochen. Doch um etwas zu verändern, brauchte es eben alle Beteiligten, und das war oft der Knackpunkt.

„Ich kenne das Problem. Das ist eine sehr große Herausforderung, vor der mittlerweile viele Familien stehen. Trotzdem bin ich der Meinung, dass man Hausaufgaben abschaffen oder zumindest anpassen sollte", sprach Elizabeth ruhiger weiter.

„Ich finde sie nach wie vor wichtig", widersprach Maria.

„Wenn du dich ehrlich zurückerinnerst, haben wir beide das Kontrollieren der Hausaufgaben ungern gemacht. Viel lieber hätten wir unseren Unterricht damals für andere Dinge genutzt."

„Ich weiß ja, dass das Kontrollieren ätzend ist. Aber …"

„Nichts aber, Maria! Ich finde es falsch, deinen Enkel mit Schulaufgaben zu quälen, wenn es ihm so schwerfällt. Was willst du damit erreichen? Die Zeit zum Hinterfragen wäre angesagt."

„Wie stellst du dir das vor? Soll meine Tochter zum Lehrer gehen und ihm sagen, dass ihr Sohn leider keine Hausaufgaben machen will?“ Maria schnaufte empört.

„Ja, genau. Sie sollte dem Klassenlehrer erklären, dass Max sich so schwertut. Vielleicht gibt es ja auch Hausaufgaben, die man auf dem Tablet erledigen kann. Es gibt doch mittlerweile Hunderte von Apps, darunter auch Lern-Apps. Vielleicht kann man Max die Hausaufgaben so schmackhaft machen. Jedoch sollte er auf alle Fälle nicht allein vor dem Bildschirm sitzen. Das ist wichtig. Und auch Hausaufgaben am Tablet halte ich für eine ungünstige Lösung. Denn eigentlich braucht er, wie gesagt, die Pause für einen freien Nachmittag. Wir reden hier von Max, einem Erstklässler, wohlgemerkt. Findet doch das Warum für ihn heraus!“

„Hm. Ich werde mit meiner Tochter reden. Vielleicht gehen wir gemeinsam zum Lehrer.“

„Ich weiß, du meinst es gut, doch ich finde es unpassend, dass du die Rolle der Kindesmutter übernimmst, Maria. Du solltest deiner Tochter die Erziehungsaufgabe nicht abnehmen. Du bist die Oma und solltest zum Spielen da sein. Sie ist die Mutter. Sie kann ihrem Sohn auch damit ausdrücken, wie wichtig er für sie ist. Sie sollte auf die Lehrkraft zugehen, nicht du. Es ist ihr Sohn, nicht deiner.“

„Das weiß ich, Lizzy. Aber du kennst Tina. Sie arbeitet permanent und wenn ich mich nicht kümmere, geht der Kleine verloren.“

„Siehst du, Maria, hier kommen wir zum Kern der Sache. Tina sollte auf den Lehrer zugehen und ihm berichten, dass die Hausaufgaben für Max ein Drama bedeuten. *Er* muss das wissen! Erstens, damit er es überhaupt weiß, und zweitens, damit er für sich und vor allem für Max eine gute Lösung finden kann. So, dass alle drei Seiten beleuchtet werden und weiterkommen. Das ist wichtig.“

„Also gut. Ich danke dir für deine klaren Worte, Lizzy!"

„Gern geschehen. Viel Erfolg!"

„Danke! Ich halte dich auf dem Laufenden."

„Darauf freue ich mich. Und danke für dein Vertrauen."

„Sehr gerne, tschüss, Schwesterherz!"

„Ciao, Maria!"

Elizabeth ließ den Arm sinken. „Mein Ohr fällt gleich ab."

Cynthia lächelte. „Ich glaube, die Kinder von heute haben es echt schwer. Früher sind wir rausgegangen und haben uns mit Freunden getroffen. Ich meine, wir hatten ja gar keine andere Möglichkeit. Das ist genau die Herausforderung heute, finde ich. Sie brauchen sich nur übers Handy verständigen. Rausgehen und persönliches Treffen ist gar nicht mehr nötig."

„Wie du sicherlich mitverfolgen konntest, ging es bei dem Enkelsohn Max um die Hausaufgaben und den Medienkonsum. Das sind zwei extreme Themen der heutigen Zeit. Meist sind es die Hausaufgaben, die Themen in Familien sichtbar machen. Hinzu kommen oft die Ganztagesbetreuungen, und dann noch die einfachen Möglichkeiten des Medienkonsums."

„Wie alt ist Max?", fragte Cynthia.

„Er ist Erstklässler. Was machen erst die weiterführenden Schulen mit diesen Themen?"

„Die sind heillos überfordert. Das weiß ich von Anouk. Die moderne Art des Lernens ist noch nicht in den Regelschulen angekommen. Laptops sind in den meisten Schulen noch immer unbezahlbar und somit kann der Umgang damit auch nicht vor Ort vermittelt werden. Gerade an Schulen könnte man flächendeckend den richtigen Umgang weitergeben." Elizabeth seufzte. „Und was die Hausaufgaben angehen, so stellen sich die Lehrkräfte nicht die Frage nach der Sinnhaftigkeit, sondern sie benutzen die Hausaufgaben, um Unterrichtsausfall und Lehrplanerfüllungen auszugleichen", schloss Cynthia, wohl wissend, dass es ein ungerechter Vorwurf war.

„Immer wenn Eltern mir das erzählen, bin ich schockiert, wie wenig sich im Vergleich zu früher geändert hat."

„Ja", seufzte Cynthia.

„Vielleicht kannst du diese Themen beim nächsten Elternabend ansprechen", schlug Elizabeth vor.

„Eine sehr gute Idee. Das mache ich. Und bevor ich gehe, wollte ich dir sagen, dass mir Anouk erzählt hat, dass Benjamin sich entschuldigt hat."

„Das ist ja wunderbar! Ein Fortschritt für alle Beteiligten", freute sich Elisabeth.

„Bin ich froh, dass du heute dabei bist", gestand Anouk ihrer Freundin Anne zur gleichen Zeit in der Schule leise.

Anne lächelte ihr aufmunternd zu. „Ich konnte dich doch bei so einem Wandertag nicht im Stich lassen. Ich bin echt froh, dass du nach dem Vorfall überhaupt bereit bist mitzukommen. Das mit deinem Auge war echt eine krasse Aktion, die brauchen wir nicht mehr, hörst du?!" Ermutigend sprach Anne auf Anouk ein, um ihr das Gefühl von Sicherheit geben zu können.

„Ich brauche so eine Aktion auch nicht mehr, genauso wenig wie Escape-Rooms. Ich möchte mal wissen, wer sich das ausgedacht hat", knurrte Anouk leise.

„Eigentlich finde ich das ganz spannend", sagte Anne und hakte Anouk unter. „Machen wir das Beste draus!"

Kaum erreichten sie das große Gebäude, wurden sie in Gruppen aufgeteilt.

„So, wir sind am Ziel. Ich bitte euch, euch in Gruppen durch das Escape-Museum zu bewegen. Ich teile euch ein."

Großes Geschimpfe machte sich unter den Jugendlichen breit.

„Oh Mann, warum können wir nicht selbst entscheiden, mit wem wir losziehen wollen?"

„Jonas, Antje, Karl und Leo, ihr seid in einer Gruppe", fuhr der Lehrer unbeirrt fort.

Anouk hörte nicht weiter zu, bis zu dem Moment, als sie ihren Namen vernahm.

Hatte sie sich verhört?

Sie sollte ausgerechnet mit Tim und Benjamin in eine Gruppe gehen?

Mit schreckgeweiteten Augen blickte sie erst zu Anne, dann zu ihrem Klassenlehrer und schließlich zu den beiden Jungs, die das Gesicht ebenfalls verzogen.

Da Herr Müller jedoch keinen Zweifel daran ließ, dass die Gruppen fest zugeteilt waren, ergab sie sich ihrem Schicksal und sie betraten das Gebäude.

Innen war das Museum sehr stilvoll eingerichtet.

Ihre Rucksäcke verschlossen sie in der Eingangshalle in kleinen Spinden, denn das Essen und Trinken war in den Räumen ohnehin verboten.

„Ihr habt nach der Lösung der Aufgaben in den Räumen die Gelegenheit, durch die Gänge an euren Spind zu gehen und eine Trinkbeziehungsweise Essenspause einzulegen. Ihr habt pro Team exakt eine Stunde Zeit, die jeweilig vorgegebene Mission zu erfüllen. Das bedeutet, ihr müsst innerhalb von einer Stunde suchen, finden, ausprobieren, rätseln, kombinieren, zusammenfügen und interagieren. Pro Raum habt ihr einen Spielbegleiter, der euch via Videoüberwachung begleitet und euch immer mal einen Hinweis gibt."

Anouk schloss kurz die Augen.

Wieso nur war sie auf die dumme Idee gekommen, diesen Wandertag mitzumachen?

Ein Team mit Tim und Benjamin war ihr Untergang!

Warum hatte Herr Müller sie nicht mit den Mädels zusammenstecken können? Da wäre sie zumindest vor Schlägen sicher gewesen. Selbst nach den Gesprächen, die mit Tim und Benjamin seitens der Lehrkräfte und Tobias und Cynthia geführt worden waren, fühlte sie sich nicht sicher. Auch nach Benjamins Entschuldigung steckte ihr die Angst noch in den Knochen. Zu tief saßen der Schmerz und die Hilflosigkeit. Es war noch nicht genug Zeit vergangen.

„Team eins beginnt im Dark Room!", leitete der Museumsleiter weiter an und überreichte Tim einen Schlüssel. „Viel Erfolg!"

Anne ergriff Anouks Hand und drückte sie. „Komm, wir schaffen das!"

„Und wenn die Jungs uns da drinnen verprügeln? Es ist stockdunkel da drinnen."

„Ach, nein, das werden sie nicht wagen. Es ist alles kameraüberwacht."

Der Museumsleiter hatte nicht zu viel versprochen, denn der Raum war finster wie die Nacht.

„Man sieht ja nicht einmal die Hand vor Augen", flüsterte Anne.

„Das ist auch ganz gut so. Dann müssen wir eure Visagen nicht ertragen", blaffte Tim in die Dunkelheit.

„Aha, Prinz Charming packt seine Waffen aus", konterte Anne.

„Sei froh, dass es dunkel ist, sonst würdest du dir jetzt eine fangen", knurrte Benjamin.

„Ach, du kannst wohl im Dunkeln nicht sehen?" Anne lachte leise.

„Nee, du etwa?"

„Klar. Ich sehe alles."

„Du spinnst", riefen die Jungs gleichzeitig.

Anne lächelte. „Ich habe ein Nachtsichtgerät von meinem Vater mitbekommen."

„Hast du nicht!"

„Doch."

„Wir sollten unsere Rucksäcke doch einschließen", sagte Tim erbost.

„Na, und? Es ist so klein, dass es in meine Jackentasche passt." Anne blickte sich um. „Komm, Anouk, wir starten hier in der Ecke."

„Hast du wirklich ein Nachtsichtgerät?“, wisperte Anouk so leise, dass die Jungs sie nicht hören konnten.

„Nein. Aber das müssen die zwei ja nicht wissen.“

Anouk lachte leise.

„Was gibt es da zu lachen?“, knurrte Benjamin.

„Ach nichts“, antwortete Anne. Sie tastete sich an der Wand entlang, bis sie eine Tafel fand. Hier mussten verschiedene Formen in die vorgegebenen Löcher gesteckt werden.

Gemeinsam mit Anouk löste sie die Aufgabe.

Kaum hatten sie den letzten Quader versenkt, leuchtete die Tafel auf und gab einen Nummernblock frei.

„Was macht ihr da?“, rief Tim überrascht.

„Wir haben das erste Rätsel gelöst“, entgegnete Anne stolz.

„Wenn ihr nicht bald anfangt, uns zu helfen, dann könnt ihr in diesem Raum versauern, bis ihr so schwarz seid wie der Rest dieses Zimmers“, sagte Anne genervt.

„Pass bloß auf, was du sagst“, sagte Benjamin.

„Was sonst?“ Anne stemmte die Arme kampfbereit in die Hüften.

„Sonst setzt es was!“

„Ach! Wie bei Anouk, die ihr krankenhausreif geschlagen habt?“

„Sie hatte es verdient“, sagte Tim.

„Warum? Weil sie es gewagt hat, an euch vorbeizulaufen, um auf die Toilette zu gehen?“ Anne wurde langsam sauer.

„Weil sie es gewagt hat, uns unter die Augen zu treten. Das war eine Beleidigung“, lachte Benjamin höhnisch auf.

„Wer bist du, dass du dich für etwas Besseres hältst?“, blaffte Anne Benjamin an.

„Na, warte! Wenn wir diesen Raum verlassen haben, kannst du was erleben“, drohte Tim.

„Ach!“ Anne lachte leise. „Momentan seid ihr nur damit beschäftigt, uns anzumachen, statt die Aufgaben zu lösen. Wenn das eure Beteiligung an der Lösung dieses Escape-Rooms ist, wodurch wir in den nächsten taghellen Raum kommen würden, ist das herzlich wenig.“

„Wir müssen das Rätsel auch nicht lösen“, blaffte Benjamin sie an.

„Ach! Und wie sollen wir hier dann rauskommen?“ Anne schnaufte verächtlich.

Anouk war gespannt wie ein Flitzebogen. Mit allen Sinnen folgte sie dem Streit. Sie hatte die Hände in Abwehrhaltung, um unvorhersehbare Angriffe abwehren zu können.

„Touché!“, ertönte eine tiefe Männerstimme aus der Dunkelheit.

Die Jungs kreischten erschrocken auf.

„Was war das?“, rief Benjamin.

Anne lachte leise. „Die Stimme des Wächters, hast du nicht aufgepasst? Dieser Raum ist genauso videoüberwacht wie alle anderen. Ich gehe davon aus, dass man auch das gesprochene Wort hier abhört.“

„Voll Stasi!“, entfuhr es Tim.

Er hatte plötzlich spürbare Angst.

„So ein Quatsch!“ Empört drehte sich Anne wieder der Wand zu. „Komm, Anouk, wir suchen etwas, um den Zahlencode einzugeben!“

Sie tasteten sich weiter an der Wand entlang.

„Wir setzen uns so lange auf den Fußboden und warten, bis ihr fertig seid“, sagte Tim und ließ sich fallen. „Komm, Ben, lass sie das für uns erledigen.“

„Gute Idee!“

„Glaubt nicht, dass wir euch mitnehmen, wenn sich die Tür öffnet. Ihr könnt dann hübsch hier drinnen versauern“, rief Anne.

Bevor irgendjemand reagieren konnte, zischte ein Streichholz und ein Kerzenlicht leuchtete auf. In einem Sessel saß niemand anderes als Tobias Stein.

„Papa!“

„Alter, das ist dein Vater?“, quiekte Tim erschrocken auf.

Alle vier staunten nicht schlecht.

Nachdem Anouk sich als Erste gefasst hatte, war ihre Erleichterung durch den ganzen dunklen Raum zu spüren.

Sie mochte Tobias sehr. „Ich ahne so langsam, von wem die Idee mit dem Escape-Room kam.“

„Was machst du hier? Hast du keine Arbeit?“, schrie Benjamin fast.

Tobias lächelte. „Oh doch, ich habe genug Arbeit. Allerdings wollte ich mir mein eigenes Bild machen, wie du dich anderen gegenüber verhältst. Du erinnerst dich an unser Gespräch zu Hause? Ich lasse nichts unversucht. Doch wir werden ebenfalls zu Hause über dein Verhalten, wie ich es in diesem Moment selbst miterleben konnte, unterhalten. So lasse ich das nicht stehen. Ich musste gerade miterleben, wie du auf den Mädels herumhackst und die beiden am laufenden Band beleidigst.“ Ruhig und vertraut wandte er sich an Anouk. „Hallo Anouk!“

„Hallo Tobias!“

„Die Alte duzt deinen Vater?“, rief Tim.

„Halte dich hier raus und achte auf deine Sprache!“, sagte Tobias streng.

Tim zuckte zurück, während Benjamin schwieg. Er wagte es in diesem Moment nicht, sich gegen seinen Vater aufzulehnen.

Tim nutzte die Gelegenheit des Kerzenscheins, sich im Raum umzusehen, doch das registrierte Tobias sofort und pustete die Kerze wieder aus.

„Och nö, was soll denn das?“, beschwerte sich Tim.

„Ich schlage vor, ihr zwei Jungs bewegt euch und löst die Rätsel mit, sonst findet die Mittagspause ohne euch statt“, sagte Tobias.

„Warum musstest du hierherkommen?“, fragte Benjamin nun doch leise. „Du blamierst mich total!“

„Du hast mir keine andere Wahl gelassen, Benjamin. Ich will wissen, was mit dir los ist. Ich will wissen, warum du dich so krass gegenüber Anouk verhalten hast. Doch ich diskutiere dies nicht hier und jetzt. Das machen wir zu Hause. Und vor wem sollte ich dich blamieren? Deinem sogenannten *Freund*, der dich offensichtlich auch nicht daran hindert, andere Menschen zu quälen und zu verletzen?“, hakte Tobias nach.

„Ich quäle doch niemanden!“, entgegnete Benjamin.

„Anouk musste im Krankenhaus behandelt werden und das nur, weil sie an dir vorbeigelaufen ist? Lebe ich dir so ein Verhalten vor, Benjamin?“

„Nein“, meinte Benjamin bereits etwas kleinlauter.

Tobias atmete tief ein und hatte nun doch Mühe, dieses Thema erst zu Hause zu besprechen. Zu sehr beschäftigte es ihn.

„Wenn ich einen Psycho-Heini brauche, melde ich mich bei Ihnen, Herr Stein“, mischte sich Tim frech ein.

„Tu das! Ich würde mich freuen, dir helfen zu können. Was auch immer du für Probleme hast“, erwiderte Tobias Stein unterkühlt. „Bis dahin könnt ihr die Rätsel in diesem Raum lösen. Ihr habt nämlich nur noch zwanzig Minuten Zeit.“

„Oje, was passiert dann?“, fragte Anouk erschrocken.

„Dann schließt sich der Pausenraum und ihr könnt erst in zwei Stunden wieder zu euren Rucksäcken.“

„Wer hatte bloß diese blöde Idee, in ein Escape-Museum zu gehen?“, fragte Tim reichlich genervt.

„Das ist doch jetzt egal“, knurrte Benjamin zum ersten Mal seinen neuen Freund an. „Mach jetzt endlich mit! Ich habe keine Lust, in diesem dunklen Raum zu versauern.“

„Ich habe etwas gefunden“, rief Anouk.

Sie zog Anne zu sich und gemeinsam gaben sie den Zahlencode in das Gerät ein.

Darauf wurde eine kleine Lampe im Raum entzündet.

„Ich brenne für exakt zwei Minuten. Findet das zweite Rätsel. Die Zeit läuft“, ertönte eine Computerstimme.

Eilig sahen sich die Mädchen um.

Anne entdeckte den zweiten Kasten als Erste.

Sie durchquerte den Raum.

Widerwillig erhob sich nun auch Tim.

„Da drüben ist noch etwas!“, rief Benjamin.

Die Jungs rannten in die andere Zimmerecke und begannen, eine Kugel durch ein kleines Labyrinth zu schieben.

Das Licht erlosch.

„Oh Mann, was ist das für ein Mist?“, rief Tim erbost.

„Die Lampe hat doch gesagt, sie brennt nur für zwei Minuten“, erwiderte Anne. „Dann müsst ihr das Labyrinth eben im Dunkeln durchqueren.“

Die Jungs stöhnten, ergaben sich aber ihrem Schicksal, während die Mädchen versuchten, sogenannte Riechfläschchen den passenden Gegenständen zuzuordnen.

Die Ananas war leicht zuzuordnen, schwieriger wurde es schon bei einer anderen Frucht.

„Ich weiß nicht, was das für eine Frucht sein soll“, sagte Anouk leise.

„Ich auch nicht.“

„Jungs, wir kommen nicht weiter.“

„Euer Pech!“, rief Tim, der die Kugel fast am Ziel hatte.

„Wohl kaum“, entgegnete Anne. „Wenn wir das Rätsel nicht lösen, kommen wir erst in zwei Stunden zum Essen.“

Benjamin tastete sich auf die Mädchen zu. „Wo seid ihr?“

„Hier drüben!“

Er erreichte offensichtlich Anouk, nahm ihr das Fläschchen ab und roch daran. „Das ist Drachenfrucht.“ Er tastete nach den Holzfiguren und ordnete das Fläschchen zu.

Eine Lampe blinkte auf und gab einen Zahlencode frei.

„Geschafft! Super, Benjamin!“, rief Anouk.

Benjamin lächelte sie plötzlich unerwartet an, ohne dass sie es sehen konnte.

Kurz darauf hatte auch Tim die Kugel am Ziel und hatte den Zahlencode.

„Noch eine Minute“, rief die Computerstimme.

Gemeinsam gaben sie die Zahlencodes ein und atmeten erleichtert auf, als das Licht anging und die Tür sich öffnete.

Gemeinsam betraten sie den Flur.

Tobias verließ ebenfalls den Raum. Die Jugendlichen nahmen dies jedoch in ihrer Erleichterung gar nicht mehr wahr.

„Der nächste Raum wird bestimmt etwas einfacher“, sagte Tobias noch, doch da hatte er sich getäuscht.

Nur weil dort das Tageslicht half, waren die Aufgaben nicht einfacher zu lösen.

„Willst du etwa den ganzen Tag hierbleiben?“, fragte Benjamin angestrengt.

„Nein, aber ich verlasse mich nun auf dich, dass du dafür Sorge trägst, dass du mit Tim nicht länger auf den beiden herumhackst. Gib ihnen eine Chance! Gib dir eine Chance und verhalte dich menschlich!“

Benjamin blickte seinen Vater lange an. Dann seufzte er schließlich. „In Ordnung.“

Tobias verließ die Räumlichkeiten. Er war sich sicher, dass Benjamin die Mädchen nun in Ruhe lassen würde. Es fiel ihm schwer, die Kontrolle abzugeben, doch er wusste, dass es richtig war. Er musste Benjamin auch zeigen, dass er ihm vertraute.

Der „Wandertag“ verlief weiter ohne Vorkommnisse und die Jugendlichen erzählten mit Freuden zu Hause über ihre Erlebnisse. Auch Anouk war nicht mehr vor Begeisterung zu bremsen. Zum einen war dieser Escape-Room auch für sie etwas Neues, zum zweiten war sie mehr als erleichtert, dass die Jungs umgänglicher wurden, und drittens, und dies war für sie insgeheim das Schönste, dass sie und Benjamin eine Art Neustart erfahren würden.

„Mensch, Dad, musste das sein? Das war oberpeinlich!“

„Ja, es musste sein. Ich wollte mich einfach selbst davon überzeugen, weil ich es nicht wahrhaben wollte, wie du mit Anouk umgehst. Und ich wollte wissen, was dich dazu bewogen hat, Anouk zu schlagen.“

„Mama macht das doch auch in ihrer Firma. Was ist so falsch daran? Die Leute sollen wissen, wer der Boss ist. Sie schlägt sie nicht körperlich, aber sie schauen oft so aus. Das hab' ich selbst schon gesehen.“

„Benjamin, das war einer der Gründe, warum ich mich von ihr getrennt habe. Ich halte dieses Verhalten für falsch. Ich behandle meine Mitarbeitenden völlig anders. Ja, ich war zu sehr mit meiner eigenen Firma beschäftigt. Ich habe Gerüchte gehört, dass Mama etwas streng sein soll mit ihren Mitarbeitern.“

„*Etwas streng*? Sie kommandiert sie herum und tritt ihnen in den Hintern, wenn es sein muss.“

„So etwas muss nicht sein. Es sind doch alles erwachsene Menschen."

„Manche nicht, Dad!"

„Doch, Benjamin! Wenn du das anders siehst, dann hast du dir schon zu viel von deiner Mutter abgeschaut und dann wird es Zeit, dein Bild zu verändern, das du dir da gemacht hast. In meiner Firma arbeiten Menschen, die Spaß an ihrer Arbeit haben, die gerne kommen und sich für das Firmenziel einsetzen. Ich habe kein Mobbingproblem. Ob deine Mutter in ihrem Unternehmen eines hat, weiß ich nicht. Ich habe ein Problem mit deinem Verhalten, und das ist das Einzige, was für mich im Moment zählt. Verstehst du? Das darf nicht sein! Weder in meiner Firma und schon gar nicht in meiner Familie."

„Sandra, dein Sohn ist auf dem Weg, sich zu einem Mobber zu entwickeln. Er sagt, du würdest deine Mitarbeiter auch so behandeln und es sei vollkommen normal, andere zu unterwerfen." Tobias atmete tief aus. Es kostete ihn große Überwindung, einige Tage später mit seiner *Nochfrau* darüber zu sprechen. So viele Worte und Kränkungen waren in den letzten Jahren gefallen. Tobias war müde, sich mit ihr auseinanderzusetzen. Lange hatte er nicht wahrhaben wollen, wie seine Frau ihr Unternehmen führte. Er war zu sehr mit sich und seinem Unternehmen beschäftigt gewesen. Eine weitere Folge seines nicht Zuhauseseins. Doch er hatte dazugelernt. Tobias und Sandra hatten sich nach der Trennung für das gemeinsame Betreuungsmodell entschieden und zunächst sollte Benjamin bei ihr leben. Doch nun wollte Sandra unbedingt, dass Benjamin bei seinem Vater leben sollte, weil ihr alles zu viel wurde. Sie hatte die ersten vierzehn Jahre investiert, wie sie sich Tobias gegenüber auszudrücken pflegte, nun sei er an der Reihe.

„Tobias, was willst du?", fragte sie ihn.

„Hast du mir am Telefon nicht zugehört? Es gibt Probleme mit Benjamin."

„Wer sagt denn, dass er andere mobbt?"

„Ich."

„Aha. Und du hast Ahnung davon?"

„Sandra! Deine ablehnende Haltung nützt niemandem etwas. Benjamin hat ein Mädchen krankenhausreif geschlagen. Hast du von seinem Verhalten vorher etwas wahrgenommen?", ließ Tobias nicht locker.

Es war ihm wichtig, Sandra davon in Kenntnis zu setzen und eventuell etwas darüber zu erfahren, ob Benjamin dieses Verhalten bereits früher aufwies. Doch sich mit Sandra zu unterhalten, war schon immer schwierig.

„Und? Was soll ich jetzt machen? Ich habe dir bereits gesagt, dass ich die letzten Jahre gegeben habe, was ich konnte. Jetzt bist du dran. Also, dann kümmere dich auch um ihn. Und wenn du deine Mitarbeiter im Griff haben kannst, wird dein Sohn ja wohl kein Problem darstellen." Wie ein begossener Pudel verließ Tobias nach so kurzem Gespräch das Firmengebäude seiner Frau.

Er hatte seinen Teil eingehalten und versucht, sie mit einzubeziehen. Nachdem er am Telefon bereits gescheitert war, hatte er es nun mit einem persönlichen Gespräch versucht, doch auch dies war ihm nicht gelungen. Er wünschte sich, dass auch sie früher oder später ihr Verhalten überdenken würde.

Tobias hatte entschieden, dass er in seinem Leben für Veränderungen sorgen würde. Was ihn auf der einen Seite freute – auf der anderen Seite wusste er jedoch genau, was dies bedeuteten würde.

Auf einen Blick

Alleinerziehende Begleitungen: stehen oft besonderen Herausforderungen gegenüber. Die Gestaltung von Arbeitsstellen ist oft noch nicht in der Alleinerziehenden-Realität angekommen. Zerrissenheit, der Wunsch, fehlende Partner ersetzen zu wollen oder gar zu müssen, ist oft ein belastendes Thema für „Alleingelassene". Hier gilt es in meinen Augen, eher darauf zu schauen, was braucht die Begleitung? Liegt eine Traumatisierung vor? Mit welchen Themen im Einzelnen sind diese Menschen „alleine" gelassen? Usw.

Erziehungsstile (EZS)

Nicht direktiver EZS

Dieser Erziehungsstil ist mein Leitfaden, und meine Vision ist es, diesen in Regelschulen einzuführen.

Der Begriff „nicht direktive Erziehung" stammt von Virginia Axline und wurde von Rebeca Wild durch ihr Buch „Erziehung zum Sein" (1997) geprägt.

Um es mit den Worten von Maria Montessori zu sagen, trägt jedes Kind in Wirklichkeit den Schlüssel von Anfang an in sich. Die Seele des Kindes hat einen inneren Bauplan und somit vorbestimmte Richtlinien für seine Entwicklung. Diese Anlagen sind empfindlich und wenn Erwachsene mit übertriebenen Vorstellungen, Druck und Macht unzeitgemäß in die Entwicklung des Kindes eingreifen, kann der Bauplan der Seele zerstört werden.

Nicht direktiv zu sein heißt,

+ durch eine vorbereitete Umgebung Kindern ein Lernumfeld zu schaffen, welches ihren Bedürfnissen entspricht,
+ die Entwicklungsetappe zu erkennen und anzunehmen und vor allem zu respektieren,
+ den natürlichen Entwicklungsetappen den nötigen Raum und vor allem Zeit zu geben,
+ den Kindern mit Verständnis, Einfühlungsvermögen und Ruhe zu begegnen,
+ einen Raum zu schaffen, der die natürliche Entwicklung zulässt, und trotzdem dort liebevoll klare Grenzen zu setzen, wo es gilt, dem Kind Orientierung und Sicherheit zu geben, wenn Gefahr droht,
+ Kinder mehr begleiten und weniger er-ziehen.

<u>Anti-autoritärer EZS:</u>

Hier bekommen die Kinder viel Handlungsspielraum. Sie dürfen Entscheidungen selbstständig treffen und die Konsequenzen erfahren. Entgegen der häufigen Annahme, dass diese Kinder unerzogen, ohne Grenzen und Leitung erzogen werden, darf hier erwähnt werden, dass die Kinder sehr wohl beobachtet, geschätzt und geschützt werden. Die Eltern greifen zum Wohle des Kindes ein. Dadurch, dass diese Kinder eben nicht dem Gehorsam unterliegen, sind sie freier und oft auch „wilder". Dies strengt viele Erwachsene an und deshalb werden diese Kinder als unerzogen empfunden – oft zu Unrecht.

Autoritärer EZS:

Hier finden wir eine Hierarchie in der Familie. Die Eltern/Erziehende kontrollieren, befehlen und fordern sehr streng das Einhalten von Vorschriften ein. Auch wenn das Kind nicht will. Man kann es auch Diktatur nennen. Das Kind hat kein Mitbestimmungsrecht.

Demokratischer EZS:

Hier sind die Eltern/Erziehenden und Kinder gleichberechtigt. Es werden gemeinsam Regeln aufgestellt und Kinder dürfen bei Entscheidungen mitbestimmen.

Egalitärer EZS:

Hier sind nicht nur die Rechte, sondern auch die Pflichten gleich. Für Eltern/Erziehende und Kinder gelten Regeln gleichermaßen.

Laissez-fairer Erziehungsstil:

Laissez-faire bedeutet: machen lassen

Das Kind ist sich fast völlig selbst überlassen. Die Eltern/Erziehende verhalten sich sehr passiv und neutral, selbst wenn das Kind mit Entscheidungen oder mit seinem Verhalten völlig überfordert ist. Das Kind ist den Eltern fast egal. Es vereinsamt unter Umständen seelisch.

Negierender Erziehungsstil:

Bei diesem EZS besteht keine Beziehung zwischen Kind und Eltern/Erziehenden. Das Kind ist sich fast völlig selbst überlassen, es wird weder begleitet noch erzogen.

Permissiver EZS:

Dieser EZS ist eine abgemilderte Form des laissez-fairen Stils. Die Eltern/Erziehenden leiten wenig an und geben kaum Halt oder Rahmen vor.

Freie Schulen sind staatlich unabhängige und anerkannte Schulen in Deutschland. Sie lehren alternativ-pädagogisch nach Maria Montessori und sind an Rebeca Wild, Joseph Chilton Pearce u. v. m. orientiert. Das Hauptaugenmerk liegt auf der nicht direktiven Begleitung von Kindern in Schulen.

Hausaufgaben: Ich erachte Hausaufgaben grundsätzlich für sinnvoll. Wichtig ist mir dabei, dass alle Beteiligten, gerade das Kind (auch im Grundschulalter) mit einbezogen werden. Es gilt zu beobachten: Was machen die Hausaufgaben mit dem Kind? Hat es Spaß an dieser Art des Wiederholens? Oder ist es eher eine Last? Spielt es lieber Situationen nach? Usw.

Hospitation: „Schule" ist Ländersache. Bitte informiere dich, ob in deinem Bundesland eine Hospitation möglich ist.

***Kununu** ist eine große Arbeitgeber-Bewertungsplattform, auf der u.a. die Unternehmenskultur, Karriere, Gehalt, die Arbeitsumgebung und viele weitere Faktoren anonym bewertet werden können.

https://www.kununu.com/

Lernbegleiter*innen an freien und aktiven Schulen: sind verantwortlich für die Qualität der Beziehung zum Kind. Darüber hinaus sind Lernbegleiter*innen verantwortlich dafür, dass sie sowohl gut in Führung mit sich selbst als auch mit den Kindern sind. Lernbegleiter*innen arbeiten mit dem, was das Kind an Anlagen mitbringt und auf welchem Entwicklungsstand es gerade ist.

Lernbegleiter*innen sind oft staatliche, studierte Lehrkräfte, die sich der Lernphilosophie von Maria Montessori sowie Rebeca und Mauricio Wild u. v. m. verschrieben haben. Sie sind überzeugt, dass das Lernen anders geht.

Lernbegleiter*innen sind Menschen, die Kinder in ihrer schulischen Entwicklung begleiten. Oft sind es Lehrkräfte mit staatlich anerkannten Diplomen, oft auch Handwerker, wie Zimmerleute, Tonmeister*innen, Köch*innen usw. Menschen, die Kinder lebensfähig machen und in jeglicher Form ins Erwachsensein begleiten.

Lehrkräfte in Regelschulen: sind Lehrkräfte im klassischen Sinn, zum Beispiel Bachelor-Master-Kombination mit Studium in den Fächern Allgemeine Pädagogik, Schulpädagogik, Psychologie, Bildungswissenschaften und schulpraktische Studien.

Ein Lehramtstudium dauert oft fünf Jahre, also zehn Semester und ein Referendariat schließt sich an.

In einer klassischen Ausbildung zur Lehrkraft wissen die Lehrkräfte auf jeden Fall, wie es richtig ist, und lassen es die Kinder oft spüren. Manche sind meist wenig kompromissbereit. Nicht so die Lernbegleiter, sie gehen in Dialog mit den Kindern und das ist für mich sehr zentral im Kontext Bildung und Umgang mit Kindern.

Mobbing ist, wenn Personen über einen längeren Zeitraum von einer Gruppe oder Person ausgegrenzt und schikaniert werden. Wenn mehrere Personen sich verbünden (Tim und Benjamin) und gegen ein Kind sind (Anouk).

Mobbing liegt vor, wenn sich dieses betroffene Kind nicht mehr wehren kann und immer „kleiner" wird, an Selbstvertrauen noch mehr verliert usw., die Schikanen häufig vorkommen, dies über eine längere Zeitspanne geschieht und das Opfer sich nicht allein gegen die Mobber durchsetzen kann.

In meinem Buch sind „die Gruppe" die Mitschüler, die untätig dem „Hänseln" zusehen. Hier ist es ebenfalls ganz wichtig zu erwähnen, dass Kinder Kinder sind. Sprich, die, die zusehen, und die, die es tun. Um „eingreifen" zu können, braucht es eine bestimmte Entwicklungsetappe, Selbstvertrauen und Mut. Setzt sich eine Gruppe nicht für einen Einzelnen ein, so darf dies weder vernoch beurteilt werden. Hier sind die Erwachsenen gefordert. Die Erwachsenen sind in der Lage, sich und ihre Gefühle und die der Kinder zu erkennen und zu begleiten. Dabei ist nicht nur das Opfer, sondern in gleichem Maße (oder gar mehr) auch der Mobber zu begleiten.

Dieses wichtige und große Thema ist ein extra Buch wert. Mobbing beginnt bereits in unserer eigenen Sprache, ob uns dies gefällt oder nicht. Ob uns dies bewusst ist oder nicht. Kennst du Sätze wie: Ach jetzt stell dich doch nicht so an? Oder: Wehr dich halt! Oder: So schlimm ist die Schule nun auch wieder nicht? Usw.

Unsere Sprache ist wichtiger, als es uns täglich bewusst ist. Jedoch gehört zur Sprache eben auch die Körpersprache und Lautstärke.

Im Schuljahr 2020/2021gab es 32.228 allgemeinbildende Schulen in Deutschland, an denen etwa acht Komma drei Millionen junge Menschen lernen. Einer PISA-Studie zufolge aus dem Jahr 2017 sind etwa fünfhunderttausend Schüler von Mobbing betroffen."

<u>Quellen:</u>

https://de.statista.com/statistik/daten/studie/476776/umfrage/allgemeinbildende-schulen-in-deutschland/#:~:text=Die%20Statistik%20zeigt%20die%20Anzahl,Schulen%20um%20rund%2023%20Prozent.

(Zuletzt abgerufen: 12.08.2022)

https://www.oecd.org/pisa/PISA2015-Students-Well-being-Country-note-Germany.pdf

(Zuletzt abgerufen: 12.08.2022)

Rotstiftkorrektur: Hier wünsche ich mir ganz besonders von Lehrkräften, ihre persönlichen Möglichkeiten an den einzelnen Schulen herauszufinden und zu erfragen. Lehrkräfte können dafür einstehen und dieses Thema gerne im Lehrerkollegium ansprechen. Vielleicht gibt es Kolleg*innen, die insgeheim selbst oft sehen und fühlen, was diese Bewertungen, wie sie nun einmal im Moment noch stattfinden, auf unsere Kinder wirken.

Schulverweigerung: Hier dürfen sich in meinen Augen alle Betroffenen, Schüler*innen, Lehrkräfte, Begleitende/Eltern, einfach das gesamte Umfeld entspannen. Schule ist wichtig, das steht außer Frage. Doch ist Lernen nicht wichtiger? Der Unterschied ist, dass die Schule der Ort ist und das Lernen beim Kind ist. Schule ist der Ort, den wir gestalten. Eine vorbereitete liebevolle Lernumgebung ist existenziell für gutes Lernen. Wir sollten das Lernen wieder in den Vordergrund stellen und die Schule hintenan. Die Schule können wir beeinflussen. Das Lernen können wir begleiten und vorbereiten.

Selbstreflexion: bedeutet in den Spiegel schauen. Doch bevor man im Spiegel etwas erkennt, wahrnimmt und anerkennen kann, benötigt es Übung, sich selbst, und das auch oder gerade in „emotionalen" Gefühlsausbrüchen, zu beobachten und sich wahrzunehmen. Dies dürfen wir oft erst wieder lernen.

Soziale Medien: sind immer und immer wieder ein großes Thema in Familien. Nicht nur das Tablet und das Handy, auch das Fernsehen gehört dazu. Mit dem Fernsehen haben sich die meisten bereits auseinandergesetzt. Es wurde „akzeptiert" und es wurden Regeln aufgestellt. Jetzt dürfen die Familien für Tablets und Handys ebenfalls Regeln und den gesunden Umgang finden und vor allem besprechen.

Woran erkenne ich, dass meine Beziehung zum Kind *gesund* ist:

Das Kind öffnet sich mit Worten und Gefühlen. Es erzählt und blubbert heraus, was es beschäftigt, und vor allem zeigt es alle seine Gefühle offen, Gefühle wie Angst, Scham, Zorn, Wut, Gleichgültigkeit, Freude, Traurigkeit usw. Alle Gefühle dürfen sein. Wenn diese spürbar und sichtbar sind, weiß ich, dass mein Kind so sein darf und kann, wie es das in der jeweiligen Situation braucht, auch wenn es mich anstrengt. Oft ertappt man sich vielleicht dabei, wie sogar das laute Spielen anstrengt, wenn man selbst angestrengt ist. Trotzdem darf es sein und man gibt den Raum dafür. Hat ein Kind diesen Raum, entwickelt sich ein gesundes, vertrauensvolles, ehrliches und offenes Verhältnis und somit eine *gesunde* Beziehung. Es gibt kein Richtig und kein Falsch. Es gibt nur ein *existiert eine Beziehung* oder nicht.

Es gibt auch Kinder, die weniger extrovertiert sind. Doch auch hier spüren die Eltern/Erziehenden, dass ein Kind glücklich ist, es wächst und gedeiht.

Was kannst du tun für eine gesunde Beziehung:

Schau in dich hinein.

Wie geht es dir?

Lebst du alles, was du gerne von deinem Kind hättest? Vertrautheit, Offenheit, Ehrlichkeit, Geduld, Liebe, Verständnis, Ruhe, Ausgeglichenheit u. v. m.? Vieles, was du vorlebst, übernimmt dein Kind. Zumindest die ersten sechzehn Jahre. Da kannst du viel bewegen und es kann Freude bereiten.

Verantwortung übergeben – Ja, Nein, Vielleicht?

Um den Punkt **Gehorsam** einmal anzusprechen, darfst du dich an dieser Stelle selbst hinterfragen: Möchtest du, dass dein Kind etwas tut, nur weil du es ihm sagst? Willst du, dass es sich daraus resultierend später im Leben fremden Autoritäten widerspruchslos fügt?

Oder ist es dir wichtiger, dass sich dein Kind zu einer kritischen, eigenständigen Persönlichkeit entwickelt? Dass es **Verantwortung** für seine eigenen Entscheidungen übernimmt und sich nicht unterdrücken oder manipulieren lässt?

Gehorsam	**Verantwortung**
– Manipulation,	+ Liebe,
– Macht,	+ persönliche Verantwortung,
– Autorität,	+ echt sein,
– „Eltern spielen“,	+ lernen von innen,
– lernen von außen,	+ freie Wahl,
– Fremdbestimmung	+ Akzeptanz von Ja und Nein

„Verantwortlich sein heißt, der unbestrittene Urheber eines Ereignisses oder einer Sache zu sein.“ (Jean-Paul Sartre)

Unterschied zwischen **Schuldzuweisung** und **Verantwortung** übernehmen:

Schuldzuweisungen darf es nicht geben. Jeder hat Verantwortung zu tragen, Kinder wie Erwachsene. Doch oft ist diese den Beteiligten unklar und dadurch kommt es zu einer Vermischung. Erwachsene sind (unbewusst) oft nicht in ihrer eigenen Führung und können somit nicht führen, wo es für Kinder nötig wäre.

Einen Satz möchte ich dir gerne mitgeben. Er hat mir oft bewusst gemacht, was meine Kinder mir gezeigt haben:

Das erste Wirken eines Begleitenden ist sein Sein,

das zweite was er tut, und

das dritte erst, was er sagt.

(frei nach Romano Guardini)

Kinder brauchen Erwachsene, die …

- ☺ ihre Liebe zu ihren Kindern spürbar und erfahrbar machen,
- ☺ tragfähige Beziehungen eingehen wollen und können,
- ☺ sich verantwortlich um die Atmosphäre in der Familie kümmern,
- ☺ sich um eine persönliche Sprache bemühen,
- ☺ ihre persönlichen Grenzen spüren und aufzeigen können,
- ☺ elterliche Führung übernehmen wollen und können,
- ☺ sich auf Konflikte einlassen,
- ☺ wissen, was Kinder brauchen,
- ☺ gleichwertige Beziehungen innerhalb der Familie leben wollen,
- ☺ für ihre persönliche Verantwortung einstehen,
- ☺ das Selbst(wert)gefühl ihrer Kinder schützen und stärken,
- ☺ echt sind,
- ☺ nicht perfekt sein wollen,
- ☺ dafür sorgen, dass es ihnen gut geht.

Ein kleiner Vorstoß in eine unerwartete Richtung

„Und, Herr Stein, wie liefen Ihre Analysen für unsere Schule?“ Frau Haferstroh strahlte eine gewisse Erleichterung aus, dass der Vater eines Schülers seine *Hospitation* abgeschlossen hatte. Sie hatte die Befürchtung gehabt, es könnten noch andere Eltern auf eine ähnliche Idee kommen. Doch diese Befürchtung blieb aus.

Es hatte lediglich einige Eltern gegeben, die es nicht billigten, dass ein Vater im Unterricht anwesend gewesen war. Andere wiederum hatten ihre Erklärung voller Begeisterung entgegengenommen.

„Sie war sehr aufschlussreich, Frau Haferstroh. Gerne würde ich meine Erfahrungen und Beobachtungen mit Ihnen teilen. Wann hätten Sie Zeit für mich? Ich könnte mir vorstellen, dass wir eine Stunde für unseren Austausch brauchen. Was meinen Sie?“

Frau Haferstroh überlegte kurz, prüfte ihren Vertretungsplan und stellte fest, dass sie sofort einen Termin frei hatte. „Gerne jetzt, wenn es für Sie auch passen würde. Mein Vertretungsplan hat sich gestern geändert.“

Da Tobias ein Mann schneller Entscheidungen war, nahm er dieses Angebot dankend an.

Sie gingen ins Büro von Frau Haferstroh und Tobias begann ohne Umschweife: „Wenn es für Sie in Ordnung ist, würde ich zuerst meine Pläne bezüglich des Restaurants in wenigen Sätzen zusammenfassen, um danach zu berichten, was ich sonst noch beobachtet habe.“

„Sehr gerne, Herr Stein.“

„Neben meinen Analysen zum Bau nahm ich Kontakt zur Stadtverwaltung auf. Um den Bau in die Umsetzung bekommen zu können, benötigen wir vorab verschiedene Dokumente. Ein befreundeter Architekt hat bereits Bebauungspläne erstellt. Nun benötigen wir noch die Zustimmung des Gemeinderates. Um diese Zustimmung habe ich bereits in einem Brief an den Stadtrat gebeten. Das läuft also parallel, was mich sehr freut. Hier konnte ich durch persönliche Kontakte gezielt und zeitsparend auf einige Personen zugehen, die sehr von unserer Idee beeindruckt waren." Er rückte seinen Stuhl zurecht. „Und nun komme ich zu dem Teil meiner Beobachtungen, der mich innerlich sehr beschäftigt hat." Tobias machte eine erneute Pause. „Frau Haferstroh, was ich jetzt sage, fällt mir auch in meinem Unternehmen oft noch schwer, denn es handelt sich um das Verhalten von Erwachsenen und in diesem Fall von Lehrkräften."

Frau Haferstroh schaute Tobias fragend an. „Nun heraus damit, Herr Stein! So schlimm wird es wohl nicht sein."

„Mit Verlaub, Frau Haferstroh, ich glaube schon." Tobias schluckte. „Frau Haferstroh, es mag eine subjektive Betrachtungsweise sein, es mögen auch nicht alle Lehrkräfte so sein, wie ich sie nun beschreibe."

Frau Haferstroh unterbracht Tobias: „Herr Stein, nun kommen Sie schon zum Punkt."

Auch Tobias wunderte sich über seine Umwege, denn eine solche Ansprache fiel ihm in seinem Unternehmen doch etwas leichter.

Es lag wahrscheinlich daran, dass es sich hier um eine Schule und die Lehrkräfte handelte und nicht um seine Mitarbeiter, die er oft schon viele Jahre persönlich kannte und besser einschätzen konnte als die Menschen hier nach lediglich ein paar Tagen.

Tief einatmend wagte Tobias einen Schritt, der völlig unerwartet für Frau Haferstroh sein würde: „Frau Haferstroh, ich konnte einige Situationen zwischen Lehrkräften und Schülern beobachten, die bei mir den Eindruck erweckt haben, dass manche Ihrer Lehrkräfte überheblich, nicht wertschätzend und manchmal sogar respektlos gegenüber den Schülern sind." Tobias wartete auf eine Reaktion von Frau Haferstroh, doch wider Erwarten schwieg sie.

„Ein Beispiel nenne ich aus dem Kunstunterricht. Herr Müller dachte, ich würde hier am wenigsten auffallen, weil die Schüler aktiver sind, so wie auch Sie es angedacht hatten. Die Schüler bekamen eine Aufgabe, die auch ich nicht auf Anhieb verstand. Ein mehrfaches Nachfragen seitens der Schüler kam in Gang. Nachdem der Kunstlehrer mehrfach dieselbe Frage beantworten musste, wurde er so ungeduldig, dass er zur Antwort auf die letzte Frage zum fragenden Schüler hinging, sich neben ihn auf Augenhöhe hinkniete, ihm auf den Kopf tatschte und sagte: ‚Weißt du, Junge, deine Frage ist echt gut. Doch wenn du dein Spatzenhirn einschaltest, dann könntest du dir die Frage auch selbst beantworten.'"

Tobias hielt inne.

Die Schulleiterin war geschockt. „Sie sagen mir gerade, dass meine Lehrkraft nicht in der Lage ist, Schüler und Schülerinnen wertschätzend zu behandeln?"

„Frau Haferstroh, ich war zutiefst erschüttert. Plötzlich fühlte ich mich zurückversetzt in meine eigene Schulzeit vor fünfunddreißig Jahren. Ich erinnerte mich an Ängste, Respektlosigkeit und Beleidigungen. Das war bereits zu meiner Schulzeit an der Tagesordnung. Immer wenn ich es zu Hause erzählt hatte, bekam ich zu hören: ‚Tja, Junge, so ist es eben in der Schule.'" Tobias pausierte.

Frau Haferstroh war noch immer sprachlos. Das, was sie nun hörte, passte so gar nicht an ihre Schule. Hatte sie sich doch entschieden, die Bewerbung zur *mobbingfreien Schule* abzugeben. Sie war ratlos und auch sehr traurig.

Tobias fuhr fort. „Frau Haferstroh, ich bin nicht gekommen, um mich einzumischen. Ich bin nicht gekommen, um zu richten, geschweige denn zu beurteilen. Dieses Erlebnis, dieses Déjà-vu nahm ich lediglich zum Anlass, um Ihnen von den weniger schönen Beobachtungen zu berichten. Es ist Ihre Schule und meine Einblicke sind alles andere als tief. Es sind Momentaufnahmen. Frau Haferstroh, hören Sie mir noch zu?" Frau Haferstroh saß regungslos auf ihrem Stuhl. Ihr Kopf arbeitete mit all den Dingen, die parallel liefen.

„Wissen Sie, ich hatte so viele Ideen, als ich hier begann." Völlig überrascht öffnete sich Frau Haferstroh im Gespräch mit Tobias und teilte ihm frei von der Leber mit, was sie alles in ihrem Schulalltag bewegte. Tobias hörte aufmerksam zu. Genauso wie er es im Unternehmen tat. Er spürte, wie Frau Haferstroh immer leichter wurde. Die Themen wie der Umgang untereinander, auch und gerade unter den Lehrkräften. Sie sah, wie angestrengt ihre Lehrkräfte zum Teil waren, weil sie zu wenige waren. Dass die Klassen viel zu groß waren und für Individualität kaum Platz war, geschweige denn für Freude und Spaß am Tun. Tobias war sich mehr und mehr sicher, dass er mal wieder eine Vorstellung hatte, was helfen könnte. Als Frau Haferstroh endete und ihn erschrocken über ihre eigene *Öffnung* ansah, machte Tobias ihr einen Vorschlag.

„Da habe ich vielleicht eine Idee für Sie. Ich kenne die *EfA* seit geraumer Zeit, zwar nur mit Teambuildingmaßnahmen von der Unternehmerseite her, doch Sie könnten herausfinden, ob die Kompetenz, die dort vorhanden ist, auch für Ihr Problem eine Lösung sein könnte. Die Abkürzung *EfA* steht für *ElternführerscheinAkademie*. Ihre Lehrkräfte könnten beispielsweise dort Schulungen besuchen. Was meinen Sie?"

Nachdenklich saß Frau Haferstroh am Schreibtisch. Wieder etwas gefasst, sagte sie: „*EfA* habe ich schon mal gehört. Allerdings im privaten Bereich. Schulungen? In welcher Form? Und ist die *EfA* nicht bereits in den Schlagzeilen gelandet, weil sie das Thema ‚Elternführerschein' aufgriff und dies ein sehr provokantes Thema ist?" Ihre Gedanken kreiselten.

„Das Thema ist durchaus provokant. Ich glaube einfach, dass es wichtig wäre, auch Ihren Lehrkräften ein gewisses Handwerkszeug an die Hand zu geben. Meine Erfahrungen mit der *EfA* sind hervorragend. Auch wenn es vom Unternehmensnamen erst mal nach *nur für Eltern* klingt, kann man die Ideen sehr gut auf Unternehmen und, wie ich meine, auch in Ihrer Schule anwenden. Im generellen Umgang untereinander ist es wichtig, ohne Schuldzuweisung zu arbeiten. Es ist wichtig, die eigene Lernbiographie aufzuarbeiten und anzuschauen. Was für Eltern und meine Führungskräfte funktioniert, sollte auch für Ihre Lehrkräfte gelten. Alles andere würde mich wundern."

„Ich kenne die Firma wie gesagt nur privat, doch wäre nie auf die Idee gekommen, meine Lehrkräfte in dieser Art schulen zu lassen. Interessante Idee, Herr Stein. Sie haben also beruflich gute Erfahrungen mit der *ElternführerscheinAkademie* gemacht?"

„Ja, die Teams sind sehr gut ausgebildet und gestalten sehr gute Schulungen. Nach meinen Schulerlebnissen war es mir wichtig, wertschätzend mit meinen Mitarbeitern umgehen zu können. Ich bin der festen Überzeugung, dass wir unseren Kindern nur das vermitteln können, was wir ihnen auch vorleben. Wenn wir als Erwachsene, und dazu zähle ich auch Ihre Lehrkräfte, nicht in der Lage sind, Stärken und Schwächen von Schülern zu erkennen und *an*zuerkennen, dann brauchen wir Unternehmer uns nicht zu wundern, dass wir jedes Jahr viele Praktikanten, Auszubildende und Akademiker bekommen, die ein völlig verschobenes Wertesystem in ihrem Kopf haben und nicht in der Lage sind, selbstbewusst, belastbar und empathisch mit ihren Kollegen, Mitarbeitern und Vorgesetzten umzugehen."

„Sie haben recht, Herr Stein. Werte und Wertevermittlung sind existenziell und wichtig für die Gesellschaft."

„Frau Haferstroh, als Benjamin noch nicht an der Sonnenbergschule war, ging es oft um Themen wie vergessene Hausaufgaben oder schlechte Noten in einer Klassenarbeit. Viele Lehrkräfte sprechen das Thema, welches meist nur einzelne Schüler betrifft, vor der ganzen Klasse an. Wenn ein Schüler eine bestimmte Leistung nicht erbringt oder erbringen kann, dann sollte das unter vier Augen oder im Beisein der Eltern besprochen werden, nicht jedoch vor der ganzen Klasse. Das ist bei Führungskräften und Teams genauso. Außerdem hatte ich den Eindruck, und dies mag eine Unterstellung sein, dass es Lehrkräfte gibt, die kein tieferes Interesse an ihren Schülern zu haben scheinen und somit nicht erkennen, dass jeder von ihnen individuelle Stärken und Schwächen hat. Wenn jemand die Hausaufgaben vergessen hat, dann werden die Schüler hier im Unterricht regelrecht von manchen Lehrern abgestraft mit kommentierten Strichen an der Tafel oder Einträgen im Klassenbuch, statt das kommentarlos zu notieren und *hinterher* das Gespräch zu suchen. So können auch die Lehrer das Warum erfahren. Haben Lehrer heutzutage keine Zeit? Sie scheinen zu volle Lehrpläne oder zu viele Schüler in der Klasse zu haben, um sich nach dem Unterricht mit ihren Schülern auseinanderzusetzen. Dabei sollte doch genau dies die Leidenschaft der Lehrkräfte sein, ihre Berufung, finden Sie nicht?" Frau Haferstrohs Gedanken überkamen sie. Sie erinnerte sich daran, dass sie schon so manche Ideen hatte, beispielsweise das Korrigieren ihrer Klassenarbeiten nicht mit Rot. Rot! Die Farbe der Gefahr, der Bedrohung, von *Achtung es wird gefährlich*. Dabei war sie dankbar um die Fehler ihrer

Schüler! Waren diese doch die Zeichen der Sichtbarkeit, woran sie erkennen konnte, dass der Stoff noch nicht saß. Natürlich war ihr bewusst, dass Rot im Abitur „Vorschrift“ war, doch man könnte doch Dinge infrage stellen, alte Muster aufbrechen, anpassen, erneuern. Ihr fielen so viele Dinge ein. Damals … als sie begonnen hatte, diese wunderbare Sonnenbergschule zu übernehmen …

„Uns bleibt oft gar nicht die Zeit, um uns um jeden Schüler einzeln zu kümmern“, gab Frau Haferstroh zu. Schon lange waren ihr ein paar Missstände aufgefallen. Doch sie so direkt und unverblümt bestätigt zu bekommen, tat weh. War doch auch sie aus Liebe zu Kindern als Lehrerin und heute als Rektorin an die Schule gekommen. Sie gab sich große Mühe, alle Themen unter einen Hut zu bekommen. Mal mit mehr, mal mit weniger Erfolg.

„Frau Haferstroh, ich möchte Ihre Zeit nicht überstrapazieren und würde mich freuen, wenn Sie meine Idee mit der *EfA* aufgreifen. Vielleicht könnten Sie mit Ihren Lehrkräften besprechen, ob Interesse an einer Fortbildung in der *EfA* besteht. Um die Kosten machen Sie sich bitte keine Sorgen.“

Frau Haferstroh sah auf ihre Uhr und nickte. „Ja, Sie haben recht. Die Uhr läuft und mein Unterricht beginnt gleich. Ich werde darüber nachdenken.“

„Auch ich muss zurück an die Arbeit. Ich möchte noch einmal betonen, dass ich mich auf keinen Fall in Ihre Arbeit und wie Sie Ihre Lehrkräfte führen, einmischen möchte. Ich war nur schockiert und fiel während meiner Hospitation in meine eigene Gefühlswelt und Erinnerungen an meine Schulzeit zurück. Ich wollte auf diesen Missstand aufmerksam machen und mich gleichzeitig bei Ihnen bedanken, dass Sie die Hospitation ermöglicht haben. Alles weitere entscheiden Sie.“

„Vielen Dank, Herr Stein. Wie ich schon sagte, werde ich in mich gehen und darüber nachdenken. Ich danke Ihnen auch für Ihr großzügiges Angebot und spreche das bei der nächsten Lehrerkonferenz Ende der Woche an."

„Vielen Dank, Frau Haferstroh. Das schätze ich sehr. Ich glaube, dass mit unserem Restaurant, gepaart mit den Schulungen und neuem Bewusstsein, den Lern- und Entwicklungsmethoden der *ElternführerscheinAkademie* hier richtig was bewirkt werden könnte."

„Sie haben recht, Herr Stein. Damit kann etwas bewegt werden. Ihre Beobachtungen haben mich sehr nachdenklich gemacht und ich danke Ihnen für Ihre Offenheit. Ich danke Ihnen auch für Ihre klaren, wenn auch schmerzhaften Worte. Gleich nach meinem Unterricht werde ich prüfen, wie viele Gelder ich für die Weiterbildung beantragen kann. Und sobald ich das Thema in der Lehrerkonferenz mit den Kollegen besprochen habe, überlege ich, wie es weitergehen kann. Ich halte es für sehr wichtig, dass sich etwas verändert, doch es braucht Fingerspitzengefühl und etwas Zeit."

Tobias nickte erleichtert und verließ ihr Büro.

Frau Haferstroh bat Frau Ansing, gleich am Nachmittag alle Lehrkräfte für ein fünfzehnminütiges Infogespräch an einen Tisch zu holen, um sie über ihre Pläne der Weiterbildung mit der *EfA* und den *Rotstift* zu unterrichten. Sie war davon überzeugt, dass beides den Kindern der Sonnenbergschule zugutekommen würde.

Elternabend einmal anders

„Cynthia, beeil dich, sonst kommen wir zu spät!“

Cynthia zog die Haustür zu. „Bin schon da!“

„Das ist mein erster Elternabend“, sagte Tobias und lächelte unsicher.

„Dein allererster?“

„Ja, leider. Entweder ging meine Ex-Frau hin oder unser Kindermädchen.“

„Ihr hattet ein Kindermädchen?“

„Ja.“ Tobias lächelte entschuldigend. „Da wir beide jeweils unser eigenes Unternehmen führen wollten und viel unterwegs waren, brachte das eine Kinderbetreuung mit sich. Die Professionalität dieser Unterstützung bei uns zu Hause war mir sehr wichtig. Deshalb war eine gelernte Betreuerin bei uns und hat außerhalb der Kita-Betreuungszeiten geholfen, Benjamin aufzuziehen.“

„Verstehe“, reagierte Cynthia verwundert und beeindruckt zugleich. Sie wäre nie auf eine solche Idee gekommen, war aber auch nie in einer vergleichbaren Situation gewesen.

„Was ist denn eigentlich dein SdL?“, fragte Tobias nach einer Weile wie aus heiterem Himmel, um das Gespräch wieder aufzunehmen. Er fühlte sich etwas unbeholfen neben einer so attraktiven Frau. Es war schon eine Weile her, dass er eine so gut aussehende, intelligente und einfühlsame Frau hatte abholen dürfen. Er schien aus der Übung zu sein.

Cynthia blieb kurz stehen. „SdL? Was ist das?“

„Oh, entschuldige. Bei der Arbeit rede ich ständig in Abkürzungen. Wie unhöflich von mir.“ Ihr gefiel seine Art. Es machte jedes Mal Spaß, sich mit ihm zu unterhalten.

„SdL bedeutet *Sinn des Lebens*?“

„Hm, über den Sinn des Lebens habe ich noch nicht wirklich nachgedacht. Und das hat mich auch noch nie jemand gefragt." Nachdenklich zupfte Cynthia an ihrer Unterlippe herum.

„Dann wird es höchste Zeit", sagte Tobias mit ernsthaftem Interesse.

„Mein *Sinn des Lebens*? Das ist eine sehr gute Frage." Sie machte wieder eine längere Pause. „Ich bin geboren worden, zur Schule gegangen, danach habe ich eine Ausbildung zur Bürokauffrau gemacht, weil meine Eltern das so vorgeschlagen haben. In den vergangenen Jahren habe ich mich auf den Export konzentriert und mich zur internationalen Zollexpertin weiterentwickelt. Heute arbeite ich in einem mittelständischen Unternehmen und betreue unsere Kunden weltweit."

„Das klingt interessant."

„Ja, meine Arbeit macht mir tatsächlich ziemlichen Spaß. Ich liebe Sprachen, Kulturen und andere Länder. Jedoch fiel mir in den letzten Jahren auf, dass der Umgang in unserem Unternehmen sich sehr verändert hat. Ich frage mich oft, ob ich das selbst bin oder die Menschen um mich herum. Fakt ist, mir fällt es immer schwerer, morgens hinzugehen, mich mit Vorgesetzten zu umgeben, die mich und meine Arbeit nicht wertschätzen. Meinen Kollegen geht es ähnlich, das spüre ich. Doch wir müssen zur Arbeit gehen, weil wir unsere Rechnungen bezahlen müssen. Doch ist das der Sinn des Lebens? Ich fühle mich abhängig und bleibe im Unternehmen, weil ich meinen Job und meine Kollegen mag und Anouk erst jetzt so selbstständig wird, dass ich mein Leben wieder selbstbestimmter einteilen kann. Als Alleinerziehende bin ich nicht so flexibel, wie ich das manchmal gerne sein würde." Cynthia lachte leise. „Und wenn ich ehrlich bin, muss ich in meinem Leben immer funktionieren. Da hatte ich noch nie Zeit, mich mit dem Sinn des Lebens zu beschäftigen."

„Das kann ich mir vorstellen."

„Ich las aber tatsächlich vor langer Zeit ein Buch, in dem es darum ging, was man noch alles erleben will. Fünf Dinge sollte da jeder im Laufe seines Lebens für sich selbst umgesetzt haben, um am Ende glücklich gehen und loslassen zu können."

Tobias horchte auf und freute sich unüberhörbar. „Ich auch. Weißt du noch, wie das Buch hieß?"

„Nein, so spontan fällt es mir nicht ein. Doch ich erinnere mich gut daran, dass ich beim Lesen beeindruckt war und voll ins Überlegen und Hinterfragen gekommen bin. Ich erinnerte mich an die Zeit, als Anouks Vater uns verlassen hat. Anouk war damals fünf Jahre alt und mich hatte das komplett aus der Bahn geworfen."

„Das tut mir leid", sagte Tobias einfühlsam. „Habt ihr Kontakt zu Anouks Vater?"

„Nein."

„Schade."

„Nein, das ist gut so. Es hat nicht geklappt zwischen uns. Wir haben es versucht, doch er konnte mit Anouk so gar nichts anfangen. Ich habe lange gebraucht, um dies annehmen zu können. Heute bin ich ganz froh darüber, auch wenn es für Anouk schwer ist, ohne Vater aufzuwachsen. Es hat uns beide zusammengeschweißt. Anouks Vater lebt heute mit einer anderen Frau zusammen. Zwischen den beiden passt es wohl."

Tobias freute sich über Cynthias offenes Umgehen mit ihrem Privatleben. Es gab ihm das Gefühl, dass sie sich in seiner Gegenwart wohlfühlte und sich öffnen konnte.

„Was könnte denn dein Sinn des Lebens sein, wenn du jetzt noch einmal darüber nachdenkst?", hakte Tobias nach.

„Wie gesagt, mit dem Wort *Sinn* komme ich nicht ganz klar, doch fünf Dinge, die ich gerne noch tun wollen würde, hätte ich schon."

„Lass hören! Ich bin neugierig!"

„Nummer eins ist Anouk, das größte Geschenk meines Lebens. Als Nächstes möchte ich eine Arbeit finden, die mich erfüllt. Ich meine so richtig erfüllt. Ich habe mir vorgenommen, nicht mehr zur *Arbeit* gehen zu müssen. Ich will Geld verdienen, indem ich etwas tue, was ich liebe. Ich möchte mit Spaß Geld verdienen. Hört sich das nicht traumhaft an? Ich möchte morgens zu Anouk sagen können: ‚Ich gehe jetzt Spaß haben. Bis heute Abend.'" Ihre Augen leuchteten.

Tobias war fasziniert von ihr und er wünschte, der Weg zur Schule würde Stunden dauern. Aber just in diesem Moment bemerkte Cynthia: „Oh, da sind wir ja schon. Wir haben nur von mir geredet, das ist mir jetzt aber unangenehm."

„Wir haben ja noch den Rückweg. Ich habe dir wirklich sehr gerne zugehört und außerdem hatte ich dich ja nach deinen fünf Dingen des Lebens gefragt. Es war großartig, dass du deine Gedanken dazu mit mir geteilt hast."

„Gerne."

Sie lächelten sich an.

„Ich hoffe auf eine Fortsetzung."

„Die kommt."

Als sie das Klassenzimmer betraten, spürte Cynthia die neugierigen Blicke der bereits anwesenden Eltern.

Herr Müller, der Klassenlehrer, begrüßte sie und schloss die Tür. Er schob Tobias eine Anwesenheitsliste zu und wandte sich an die Eltern.

„Einen wunderschönen guten Abend und vielen Dank für Ihr Kommen, liebe Eltern", eröffnete Herr Müller formell den Elternabend. „Normalerweise würde ich Ihnen jetzt die Noteneinteilung vorlesen, diese lasse ich Ihnen jedoch per E-Mail zukommen. Wie Sie meiner Einladung und der angefügten Agenda entnehmen konnten, gehe ich heute anders vor."

Die Eltern saßen mucksmäuschenstill auf den Stühlen ihrer Kinder.

„Wir haben drei sehr wichtige, emotionale, aber auch erfreuliche Themen zu besprechen. Und damit ich den Abend zeitlich nicht überstrapaziere, gehen wir einen Punkt nach dem anderen durch. Wenn es für Sie in Ordnung ist, machen wir keine Pausen. Sind Sie damit einverstanden?"

Alle nickten, denn keiner hatte Lust, ewig beim Elternabend zu sitzen.

„Das wichtigste und sicherlich auch emotionalste Thema ist das Thema *Mobbing* an der Schule."

Einige Eltern waren sichtlich überrascht.

„Mobbing", fuhr er fort, „ist ein Thema, bei welchem wir nicht wegschauen dürfen, nicht können und nicht werden. Nach einem unerfreulichen Vorfall in unserer Klasse haben wir erkannt, dass wir uns gemeinsam dafür einsetzen und weiterbilden müssen. Liebe Eltern, ich bitte Sie, sich die nun folgenden Vorschläge und Veränderungen erst anzuhören und zu Hause sacken zu lassen. Ich bin überzeugt, dass wir viel bewegen können, wenn wir hinschauen, erkennen und gemeinsam handeln." Herr Müller machte eine Pause.

„Das zweite Thema ist eine zusätzliche Kraft für den Unterricht, die wir organisieren konnten. Sie ist eine ehemalige Lehrkraft, die sich bereits im Ruhestand befindet, uns aber gerne unterstützen würde. Sie arbeitet ehrenamtlich an der *EfA*, der *ElternführerscheinAkademie*. Darauf gehe ich später noch genauer ein.

Und das dritte Thema betrifft den Neubau eines Restaurants an unserer Schule."

Einige Eltern fingen an, mit ihren Nachbarn zu reden, andere wiederum saßen nur mit erstaunten Gesichtern da.

„Beginnen wir mit Punkt eins." Er deutete auf Tobias und fuhr fort. „Ich möchte Ihnen Herrn Stein vorstellen und ihn hiermit offiziell sehr herzlich begrüßen. Sein Sohn Benjamin ist neu in unserer Klasse. Herr Stein, herzlich willkommen."

„Das ist doch der Prügelknabe!", platzte umgehend ein aufgebrachter Vater sofort heraus.

Tobias reagierte schnell und ergriff unaufgefordert das Wort. „Guten Abend. Ich bin Tobias Stein und mein Sohn Benjamin ist seit einigen Wochen hier an der Schule. Ich weiß, was Benjamin getan hat, und es ist heute Abend nicht mein Ansinnen, Benjamins Verhalten zu erklären. Was ich heute möchte, ist, mich in aller Form für das Verhalten meines Sohnes zu entschuldigen."

„Kann er wohl nicht selbst, was?", unterbrach ihn ein anderer Vater.

„Da haben Sie vollkommen recht", sprach Tobias ruhig weiter. „Das ist etwas, was mein Sohn noch lernen darf. Hier in diesem Rahmen möchte ich mich, wie gesagt, entschuldigen. Ich bin als Vater mit Frau Haferstroh und Herrn Müller ins Gespräch gegangen. Ich habe mit Benjamin über sein Verhalten gesprochen und er hat sich bei der betroffenen Schülerin entschuldigt. Ich werde dafür Sorge tragen, dass sich sein Verhalten nicht wiederholen wird."

„Das ist das Mindeste", schimpfte der Vater weiter. „Was Benjamin sich da erlaubt hat, konnte so ja nicht stehen bleiben!"

Herr Müller übernahm das Wort. „Wir gehen jetzt nicht weiter darauf ein, sondern werden gemeinsam das Thema Mobbing und Gewalt angehen." Der Lehrer schaltete den Tageslichtprojektor an und zeigte ein Bild von der *ElternführerscheinAkademie*. Fast bewundernd fiel Tobias auf, wie konzentriert Herr Müller blieb. Er wusste als Führungskraft sehr genau, dass dies bei hoch emotionalen Themen sehr viel Eigenkontrolle erforderte.

„Womit ich zu Punkt zwei komme, die unterstützende Lehrkraft, die ich eingangs erwähnt habe. Sie heißt Elizabeth Reimer und ist pensionierte Lehrerin. Frau Reimer war viele Jahre an unserer Schule und arbeitet nun ehrenamtlich bei der *ElternführerscheinAkdademie*, kurz *EfA* genannt."

„Was ist das für eine Akademie?"

„Das ist eine Institution, welche mit der Lernpädagogik, wie sie an freien und aktiven Schulen gelebt und praktiziert wird, arbeitet. Die *EfA* hat sich unter anderem darauf spezialisiert, Lernmethoden der freien und aktiven Schulen in Regelschulen, wie unsere eine ist, zu integrieren.

Der Umgang zwischen Lehrkräften und Schülern ist ein wertschätzender und basiert auf Augenhöhe. Es ist ein Miteinander und Füreinander. Themen wie Mobbing, Hausaufgabendramen und Unlust zum Lernen werden durch geschulte Lehrkräfte früh erkannt und aufgegriffen. Hierbei ist es wichtig, dass Themen ohne Schuldzuweisung angesprochen werden. Dadurch, dass mehrere Lehrkräfte in den unterschiedlichen Räumen sind, sind sie schnell ansprechbar und können aufkommende Konflikte begleiten." Herr Müller holte kurz Luft. „An dieser Stelle wurde mir auch bewusst, dass die Lehrkräfte nicht nur als Wissensvermittler da sind, sondern mehr als Begleiter. Deshalb nennen sie sich dort Lernbegleiter. Es ist ebenso wichtig, nicht zu früh in eine Situation einzugreifen, denn Kinder und Jugendliche dürfen und müssen auch eine *gute* Streitkultur entwickeln können."

Tobias und Cynthia blickten sich an. „Wusstest du davon?", fragte er Cynthia verwundert.

„Klar, doch ich wollte dir die Überraschung nicht nehmen", gestand sie strahlend und freute sich, dass sie es so lange für sich behalten konnte.

„Daher weiß Elli so viel über Mobbing, Schule, Umgang mit Kindern und Kommunikation."

„Ich habe es nie tiefer hinterfragt, jedoch mich manchmal gewundert. Ich war zu sehr mit mir beschäftigt. Ich war immer nur sehr dankbar für ihre Unterstützung."

„Ein Punkt ist mir beim Gespräch mit Frau Reimer eindrücklich hängen geblieben, den ich gerne mit Ihnen teilen möchte," sprach Herr Müller weiter und die beiden hörten wieder aufmerksam zu. „Mich hat das Motto der *EfA* sehr beeindruckt."

„Wie lautet das Motto?", fragte eine Mutter dazwischen.

„Eltern. Schule. Harmonie."

„Die Kombination von Harmonie und Schule klingt fast zu schön, um wahr zu sein", sagte Cynthia leise.

„Ja, ein harmonisches Miteinander ist eines der höchsten Ziele der *EfA*. Ich weiß von Frau Reimer, dass die Lernbegleiter oft staatlich anerkannte Lehrkräfte sind, die eine zusätzliche Ausbildung für alternative Pädagogik an der Akademie *LernenvonInnen* abgeschlossen haben. Mir ist bewusst, dass wir nicht alles umsetzen können. Dennoch gefällt mir der Grundgedanke der *EfA*, so viel Umgangs- und Lernmethoden wie möglich bei uns zu integrieren. Alles ist ein Anfang. Wir werden für die Details und all Ihre Fragen einen Sonderelternabend in vierzehn Tagen planen."

Einige Eltern seufzten leise.

Eine Mutter öffnete ein Fenster.

„Möchten Sie nun vielleicht doch eine kleine Pause einlegen?", fragte Herr Müller in die Runde nach einem Blick auf die Uhr. „Wir liegen gut in der Zeit."

Die Eltern antworteten mit einem einstimmigen Kopfschütteln, was ihn sehr freute, denn für ihn spiegelte sich darin das Interesse der Eltern.

„Ich bin sehr gespannt auf den dritten Punkt", sagte eine Mutter. „Heute ist wirklich alles ganz anders als sonst. Ich bin positiv überrascht und gespannt, wie es weitergeht."

„Nun, vielen Dank schon einmal dafür." Herr Müller wechselte vom Tageslichtprojektor auf seinen privaten Computer und öffnete eine Datei, um einen Entwurf von einem Restaurant zu zeigen.

„Komme ich also zu meinem dritten und letzten Punkt, dem Anbau an unserer Schule.“ Er wandte sich an Tobias. „Herr Stein hat heute noch einen Vorschlag mitgebracht, den Frau Haferstroh und ich bereits kennenlernen durften und für gut befunden haben. Ich hoffe, er gefällt auch Ihnen. Diese Idee würde unsere Projekte abrunden und unsere Schüler zusammenbringen. Herr Stein, würden Sie bitte selbst erzählen, was Ihnen während Ihres Themas mit Benjamin in den Kopf kam?“

„Sehr gerne“, übernahm Tobias die Vorstellung. „Ich habe mir für diese Schule Folgendes überlegt …“

„Stimmt es, dass die Kinder ein amerikanisches Bistro mit roten Ledersesseln bekommen?“, wurde Tobias sogleich unterbrochen. Es war wieder der aufgebrachte Vater, dem es offensichtlich gelang, seine Wut in Neugierde zu verwandeln.

Tobias lächelte. „Ja und ich freue mich, dass sich dies bereits herumgesprochen hat.“

„Ist das nicht etwas übertrieben?“, fragte eine Mutter.

„Finde ich auch“, kam aus einer anderen Ecke.

Cynthia meldete sich überraschend zu Wort. „Ich würde sehr gerne erst einmal das ganze Konzept und den ganzen Vorschlag hören, bevor ich mir eine Meinung bilden kann.“

Einige stimmten zu und Tobias übernahm wieder das Wort „Dieses Restaurant ist eine gute Gelegenheit für unsere Kinder, mittags gesundes Essen zu bekommen. Es ermöglicht gemeinsame Mahlzeiten und somit einen sozialen Austausch. Ein anderes Miteinander darf hier stattfinden! Vor allem außerhalb des Unterrichts, in dem man, in meinen Augen viel zu oft, funktionieren muss. Der Look als amerikanisches Bistro ist etwas, das bestimmt viele Kinder cool finden würden, denken Sie nicht auch? Erinnern Sie sich, wie es sich anfühlt, jung und unabhängig zu sein? Stellen Sie sich vor, wir hätten einen solchen Raum in der Schule haben können. Wenn wir die Schüler und Schülerinnen mit einbeziehen, dann wird dies ein gemeinsames Projekt und kann aus meiner Sicht ein voller Erfolg werden. Hier bietet sich für uns alle eine gute Möglichkeit, unseren Werten, wie wir sie brauchen und oft so schmerzlich vermissen, wieder einen Platz zu geben. Wir werden zusammen mit den Schülern Absprachen und Vereinbarungen treffen. Ein wunderbarer Platz, um Höflichkeit, Respekt, Hilfsbereitschaft und einen würdevollen Umgang leben zu können."

„Und wie soll das finanziert werden?", fragte ein anderer Vater.

„Ich habe das Restaurant so geplant, dass es sich selbst tragen kann. Das bedeutet, dass es Umsatz bringen und Gewinn einfahren wird. Es steht zwar auf dem Schulgelände, jedoch als einzelnes Gebäude am Rande des Geländes, sodass es Besucher am Abend und an den Wochenenden gut erreichen können. Parkplätze und ein Fahrradabstellplatz sind ja vorhanden. Ab siebzehn Uhr dreißig wird es für die Allgemeinheit geöffnet sein", entgegnete Tobias.

„Wow! Ich finde, das ist eine tolle Idee", rief eine Mutter.

„Finde ich auch", stimmte ihre Nachbarin ihr zu.

Cynthia lächelte und freute sich, dass sie mutig genug gewesen war, ihre Stimme zu erheben. Dies fiel ihr manchmal schwer.

„Das ist wirklich eine richtig gute Idee, Herr Stein", freute sich der Klassenlehrer und nickte Tobias freudestrahlend zu, sichtlich erleichtert auch darüber, dass die anderen Eltern den Vorschlag mit dem Restaurant anscheinend annahmen.

Gemurmel machte sich nun breit und die Stimmung schien sich vollkommen zu entspannen.

„Haben Sie dazu im Moment noch Fragen?", bot Herr Müller an.

„Ja, in der Tat", nahm wieder ein interessiertes Elternpaar das Angebot an. „Wann wird der Bau so weit sein? Wir haben offensichtlich Eile bei den Themen, die wir im Moment zu bewältigen haben."

„Richtig, danke für den Hinweis", antwortete Herr Müller. „Da Herr Stein gute Verbindungen zur Stadtverwaltung hat und er bereits weitere Firmen für unser Restaurant gewinnen konnte, werden wir hier zügig vorankommen. Genehmigungen und Finanzierungen sind also parallel angelaufen. Den genauen Zeitpunkt kenne ich jetzt noch nicht. Jedoch könnte bereits in einigen Wochen der erste Spatenstich sein. Damit wir nicht allzu lange warten müssen und schließlich mit all den Beschlüssen und Themen genug Gründe zum Feiern haben, werden wir in unserer Aula oder, wenn es das Wetter zulässt, auf dem Schulhof eine kleine Feier vorab abhalten. Sind Sie dabei?"

„Und ob!", kam es von den Eltern.

Herr Müller war sichtlich erleichtert.

So schien der ganze Elternabend, trotz schwerer Themen, ein gutes und harmonisches Ende gefunden zu haben.

„Das war der ungewöhnlichste Elternabend, den ich je erlebt habe", sagte Cynthia auf dem Heimweg zu Tobias. Es war bereits fast zweiundzwanzig Uhr und eine laue Nacht.

„Ja? Wieso? Ich habe keinen Vergleich. Was meinst du genau?"

„Na, wie Herr Müller schon sagte, sind all die Themen und Veränderungen neu. Der Ablauf war ungezwungen spannend und nicht so trocken und emotionslos, wie ich es schon oft erlebt habe. Von deiner Restaurantidee wusste ich ja etwas, aber dass du so etwas Grandioses geplant hast und in der Umsetzung schon so weit bist, davon war ich richtig überrascht. Ich freue mich, dass deine Idee mit dem Restaurant so gut ankam."

„Freut mich, wenn dir mein Plan gefällt. Ich musste etwas unternehmen. Erstens für Benjamin und zweitens für mich. Ich liebe es, Menschen das geben zu können, was sie brauchen. In meinem Unternehmen sind es meine Mitarbeiter und Benjamin habe ich viel zu lange vernachlässigt, das ist mir heute bewusster denn je. Doch das ändert sich gerade."

„Starke Vorsätze."

„Ja, er wird Augen machen. Ich habe meiner Assistentin mehr Verantwortung und auch mehr Handlungsfreiheiten gegeben. Sie hat sich sehr darüber gefreut, denn seit ich mit Benjamin allein wohne, habe ich meine Verantwortung in der Firma wohl spürbar nicht mehr so gut übernehmen können. Mit dem Prügelthema war ich noch zusätzlich abgelenkt."

Cynthia blieb plötzlich stehen und sah Tobias ernst an. „Tobias, als der Vorfall mit Benjamin war, wolltest du doch ein Gespräch mit mir als Mama von Anouk, richtig?"

Etwas verwundert über diesen Gedankensprung entgegnete Tobias verwirrt: „Ähm, ja, das stimmt."

Nun lächelte Cynthia. „Wir hatten schon einige Gespräche, auch mit Elli, auf der Bank. Ich möchte dir sagen, dass ich dich sehr bewundere. Ich bin schon lange alleinerziehend. Doch du bist erst seit Kurzem in dieser Verantwortung und ich finde, du machst das richtig gut. Mir ist deutlich geworden, dass du alles tust, um Benjamin ein guter Vater zu sein. Du reduzierst deine Zeit im Büro, du kamst auf die Idee mit dem Escape-Museum und nun auch noch das Restaurant! Ich nehme deine Entschuldigung an! Ich sehe, dass Benjamin sein Verhalten nicht von dir haben kann, und ich bin mir sicher, ihr bekommt die vor euch liegende Zeit gut hin. Es wird nicht immer einfach. Doch es wird gut, das spüre ich. Wenn du Fragen zur Alleinerziehung hast, dann lass uns gerne wieder einen Termin auf unserer Bank machen. Was meinst du?"

Erleichtert sah Tobias Cynthia an. Weitere Termine mit Cynthia auf der Bank und noch bei der *EfA*, das hörte sich doch vielversprechend an. Er hatte große Mühe, sie nicht vor lauter Glück in die Arme zu schließen.

„Was ist eigentlich mit deinen anderen drei Dingen? Eins war Anouk, zwei war die Arbeit. Was ist mit dem Rest vom Sinn deines Lebens?“, fragte er schnell, um sich selbst abzulenken.

„Stimmt, da waren wir vor dem Elternabend stehen geblieben. Ich möchte, dass Anouk einen Ausbildungsplatz findet, mit einer Arbeit, die sie glücklich macht, und bei einem Arbeitgeber, der ihre Talente erkennt, wahrnimmt und fördert, und wenn sie sich selbstständig machen möchte, hat sie auch alle Hilfe, die ich ihr geben kann. Was ich auch toll fände, wenn sie ihre Affinität des Malens zu ihrem Beruf machen könnte. Das Malen ist für Anouk oft wie eine Art Therapie. Gerade in den Zeiten, in denen sie gefühlt wenige Freunde hat und mehr und mehr mit sich selbst ausmacht.“

„Okay. Aber das sind Wünsche für Anouk. Was sind deine eigenen Wünsche für dich?“

„Ich möchte einen Arbeitsplatz, an dem ich wertgeschätzt werde und bei dem mich die Tätigkeit erfüllt. Eigentlich so, wie ich es jetzt habe, nur bei einem Arbeitgeber, der mich und meine Arbeit schätzt und monetär mich ebenfalls glücklich machen kann. Dann würde ich mir ein Haus in Calgary, Kanada, kaufen und mit Anouk mindestens viermal im Jahr zu meinem Großcousin fliegen, und ich möchte finanziell so gestellt sein, dass ich mir im Alter eine menschliche und würdevolle Pflege leisten kann, koste sie, was sie wolle.“

„Du denkst jetzt bereits an dein hohes Alter und an Pflege?“

„Findest du das Thema nicht wichtig?“

„Doch. Aber mein Sinn des Lebens dreht sich eher um die Gegenwart.“

Eine ganze Weile gingen sie schweigend nebeneinanderher.

Plötzlich nahm Tobias das Wort wieder auf. „Das klingt jetzt vielleicht unecht oder ein wenig kitschig, aber wie wäre es, wenn ich meinen Geschäftspartner frage, ob du dich bei ihm vorstellen kannst? Er betreibt eine Verpackungsfirma, die bereits weltweit vertreten ist."

Cynthia blieb stehen. „Als was soll ich mich vorstellen?"

„Naja, er hat mir erst die Tage erzählt, dass er in ein paar Wochen eine langjährige Mitarbeiterin in den Ruhestand verabschiedet. Sie wurde sehr von seinen Kunden geschätzt. Jeder kannte und mochte sie. Sie hatte die Gabe, sofort zu erfassen, was der Kunde braucht. Manchmal war sie etwas laut am Telefon, deshalb gab er ihr ein eigenes Büro. Sie sprach mehrere Sprachen, kannte die Produkte in- und auswendig, weil sie liebte, was sie tat."

Cynthia wurde neugierig. „Ich spreche nur eine Sprache, englisch", zweifelte sie an sich selbst.

„Ist doch prima. Mehr wird für diese Stelle für den Anfang vielleicht nicht benötigt und ich weiß, dass er seine Mitarbeiter bei Bedarf schult. Möchtest du, dass ich frage?"

Cynthia traute sich kaum, *Ja* zu sagen, doch der Schmerz in ihrem jetzigen Unternehmen war ihr unerträglich geworden.

„Wenn du das für mich tun würdest. Das wäre fantastisch. Ein neuer Arbeitsplatz, neue Kollegen, neue Vorgesetzte, klingt prima für mich. Ich wäre dir sehr dankbar, wenn du mich vorschlagen würdest."

„Das mach ich gerne."

Als sie in ihrer Straße ankamen, blieb Tobias vor seiner alten Villa stehen.

„Ich danke dir für diesen wunderbaren Abend."

„Es war nur ein Elternabend."

„Für mich nicht", sagte Tobias und verschwand schnell in der Tür.

Cynthia flog die Treppen zu ihrem Eingang förmlich hinauf.

Als sie in ihre Wohnung schlüpfte, atmete sie erst einmal tief durch.

„*Na*, Mama! Hattest du einen schönen Abend?“ Provozierend und grinsend schaute Anouk sie an, die in diesem Moment in der Tür zum Bad stand.

Cynthia lächelte. „Ja. Den hatte ich tatsächlich.“

„Hauptsache, Benjamin wird jetzt nicht mein *Bruder*.“

„Und wenn doch?“

„Dann suche ich mir eine neue Familie.“

Cynthia verdrehte die Augen und seufzte. „Na, ich glaube, hier besteht im Moment noch keine Gefahr und du brauchst dir noch keine neue Familie suchen.“

„Warum nicht? Tobias könnte sich glücklich schätzen mit so einer tollen Frau wie dir, Mama“, sagte Anouk mit ernster Miene.

Cynthia legte den Kopf schief. „Findest du?“

„Ja.“

Cynthia gab ihr einen Gute-Nacht-Kuss und verschwand glücklich in ihr Zimmer.

„Schokolade, das ist die Idee! Elizabeth, ich glaube, ich sollte die weltbeste heiße Schokolade in mein Unternehmenskonzept mit aufnehmen. Bei jedem Personalgespräch gibt es zukünftig vorher heißen Kakao.“ Tobias nahm den dampfenden Becher dankend entgegen. Der Elternabend war bereits einige Tage vergangen und er wollte unbedingt mit Elisabeth sprechen.

„Vielen Dank für das Kompliment", erwiderte Elizabeth und lächelte.

„Darf ich dich was Persönliches fragen?"

Elizabeth zögerte. „Das klingt sehr ernst."

„Es ist ernst."

„Oje, na gut, dann trau dich mal", sagte Elisabeth.

„Also erst mal wollte ich dir sagen, dass ich beim Elternabend sehr überrascht war, dass du bei der *EfA* bist. Jetzt verstehe ich so manches noch sehr viel besser", begann Tobias.

„Haha, ja, Cynthia erwähnte bereits, dass ihr die Überraschung gelungen ist. Doch das ist bestimmt nicht der Grund, weshalb wir hier sitzen, oder?"

Tobias wurde ganz leise.

„Nein, das ist nicht der Grund. Ich wollte dich fragen, ob du eigene Kinder hast."

Elizabeth blickte in die Ferne. „Ich hatte. Mein Sohn und meine Tochter hatten gemeinsam mit meinem Mann einen Autounfall."

„Das tut mir sehr leid."

„Es ist schon so lange her." Elizabeth seufzte leise. „So viele Jahre und es tut noch immer weh, als wäre es erst vor Kurzem passiert."

„Wie alt sind deine Kinder geworden?"

„Meine Tochter war zwölf und mein Sohn acht. Es ist siebenunddreißig Jahre her, dass ich mit ihnen lachend hier im Garten saß."

„Ich glaube, eines der härtesten Dinge im Leben ist, das eigene Kind zu Grabe tragen zu müssen", überlegte Tobias.

„Du sagst es. War diese Frage der Grund für diesen Kakao? Ich habe nämlich das Gefühl, da ist noch was anderes." Elizabeth lächelte traurig.

Tobias schüttelte den Kopf.

Obwohl er sonst selten mit Nervosität zu kämpfen hatte, scharrte er mit den Füßen über den Boden.

„So aufgeregt? Ich bin doch viel zu alt für ein Date“, versuchte Elizabeth die Stimmung aufzuhellen.

„Mit Date hast du den Nagel auf den Kopf getroffen. Ich würde Cynthia gerne zu einem Date einladen und ihr auch damit gleich eine neue Arbeitsstelle anbieten.“

„Eine neue Arbeitsstelle? Das wäre ja wunderbar. Ich habe schon lange die Vermutung, dass sie dort, wo sie gerade ist, nicht besonders glücklich ist. Doch dadurch, dass sie finanziell auf sich allein gestellt ist, ist sie von ihrer Arbeit abhängig. Was hast du nun vor?“

„Das ist es ja eben. Ich habe keine Ahnung, wie ich das anstellen soll, ohne dass das plump wirkt oder abschreckt.“ Tobias grinste verlegen. „Sie gab mir zwar ihr Ja, dass ich einen Geschäftsfreund fragen darf, und doch bin ich etwas aus der Übung und wir wohnen erst wenige Wochen hier. Ich möchte alles richtig machen.“ Tobias kam sich albern vor, fast wie ein Teenager.

„Weißt du, wir haben uns bisher immer wunderbar unterhalten. Auch auf dem Hin- und Rückweg zum Elternabend hatten wir ein tiefgründiges Gespräch. Es war alles so vertraut. Wir sprachen über den Sinn des Lebens und fünf Dinge, die sie sich wünscht, und sie hat völlig frei von Anouks Vater erzählt.“

Tobias fiel auf, wie gedankenverloren Elizabeth heute auf den Baum vor ihnen blickte.

„Dieser Baum stand auf der Liste bei meinem Mann. Einer seiner Dinge im Leben, die er gerne erfüllt hätte.

„Hat er ihn gepflanzt?“, fragte Tobias.

„Nein. *Ich* habe ihn gepflanzt. Ein paar Tage nach seiner Beerdigung. Ich hatte so das Gefühl, ihm etwas näher zu sein.“

„Das ist eine sehr schöne Idee.“

„Höre auf dein Herz und deinen Bauch, Tobias. Das hat mein Mann damals immer schon gesagt, und er hatte recht. Wir Menschen neigen so sehr dazu, alles mit dem Verstand lösen zu wollen, dabei haben unser Bauch und unser Herz so viel mehr zu sagen. Ich weiß gar nicht, wie oft ich mich in jungen Jahren verrannt habe, weil ich dachte, mit Logik statt mit Gefühl weiter zu kommen. Dabei haben die meisten Menschen von Natur aus hervorragende Antennen." Elizabeth suchte nach Worten. „Viel zu oft ignorieren wir sie." Tobias nickte. „Du hast recht. Ich werde auf mein Gefühl hören. Würdest du mir mit Cynthia helfen?"

„Sehr gerne, wenn ich kann."

„Du kannst."

Tobias freute sich, dass er nun auch etwas mehr von Elisabeth wusste. Sie waren schon eine richtig nette kleine Gemeinschaft, dort auf ihrer *Bank der Lösungen*. Er fühlte sich integriert und aufgehoben. So eine Gemeinschaft hatte er sich immer gewünscht. Wenn auch vor einigen Jahren noch in Form einer Familie. Doch im Leben kommt es manchmal eben anders, als man denkt – und trotzdem gut!

Sie saßen noch eine Weile schweigend da und Tobias wusste, ohne zu fragen, dass Elisabeth ihm mit Cynthia helfen würde.

EfA - Die ElternführerscheinAkademie

„Guten Abend, liebe Eltern, heute stelle ich Ihnen Frau Reimer vor", eröffnete Herr Müller den Informationsabend für den *Elternführerschein*. Es waren mehr als fünfzig Eltern erschienen, sodass sie die Veranstaltung vom Klassenzimmer in die Schulaula verlegt hatten.

„Ich freue mich, dass Sie so zahlreich erschienen sind, und bedanke mich schon jetzt für Ihr Kommen. Ich hoffe auf viele Anmeldungen, sobald Ihnen Frau Reimer berichtet hat, um was es hier geht. Elizabeth Reimer war viele Jahre hier an unserer Schule und ist eine alte schon pensionierte Kollegin von mir. Diejenigen von Ihnen, die selbst hier zur Schule gegangen sind, können sich möglicherweise noch an sie erinnern." Herr Müller vernahm angenehmes Kopfnicken. „Frau Reimer arbeitet ehrenamtlich in der *EfA*, der *ElternführerscheinAkademie*. Mit ihrer Kompetenz und ihrem Wissen erklärt sie uns gleich, was genau die *EfA* ist und wie sie uns hier, an unserer Sonnenbergschule, helfen könnte." Der Lehrer übergab das Wort an Elizabeth.

Tobias staunte nicht schlecht, als er seine neue Nachbarin am Podium stehen sah. Selbstbewusst stand die schon etwas betagte Dame dort oben und wirkte fast weise, als sie zu sprechen begann. Sichtlich beeindruckt wandte er sich stolz an Cynthia, die neben ihm saß. „Und wir kennen sie persönlich!"

„Ja und darüber freue ich mich sehr." Cynthia schmunzelte.

„Guten Abend, liebe Eltern. Auch von mir ein herzliches Willkommen! Allem voran bedanke ich mich für Ihr Interesse. Es ist schön, wenn ich sehen und spüren darf, wie sehr Ihnen das Wohl Ihrer Kinder am Herzen liegt. Ich bin fest davon überzeugt, dass Sie das Beste für die Kinder wollen. Allerdings macht es einem der Alltag, voll mit Sorgen und Problemen, oft nicht so einfach und vielleicht können Sie nicht immer so, wie Sie gerne würden."

Sie erntete Zustimmung.

„Gestatten Sie mir bitte auch gleich eine Anpassung meiner Beschreibung des Begriffes *Eltern*. Mir ist es wichtig zu erwähnen, dass ich alle Menschen anspreche, die Kinder in jeglicher Form begleiten. Aus diesem Grund werde ich das Wort *Eltern* durch das Wort *Begleitung* eintauschen, denn das schließt Großeltern, Erziehende und Nachbarn ein. Eben all die Menschen, die im Umgang mit Kindern und Jugendlichen deren Leben mitgestalten."

Die Anwesenden lauschten gebannt.

„Nachdem ich mich in den Ruhestand begeben hatte und befreit war von klingelnden Weckern, läutenden Schulglocken und dem Korrigieren von Klassenarbeiten, widmete ich mich dem Teil, der mich während meiner aktiven Zeit als Lehrerin am meisten beschäftigt hatte. Ich wünsche mir für alle Kinder bessere Begleitung. Harmonie, eben auch in der Schule, und ich bin davon überzeugt, dass jeder Einzelne von uns im Umgang mit Kindern das Zusammensein und die Wertschätzung, wie ich sie in der Akademie *LernenVonInnen* kennenlernen durfte, im Alltag und Lehrkräfte in Regelschulen umgehend implementieren kann."

Sie holte tief Luft. „Schon früh hegte ich den Wunsch, drei Worte, die fast unmöglich in einem Satz zu nennen sind, in Einklang zu bringen. Begleitung. Schule. Harmonie. Die Möglichkeit, es doch zu können, bot mir die *EfA* durch ihr Motto *Eltern. Schule. Harmonie*. Nach meinem Ruhestand konnte ich mir in der *EfA* den Traum erfüllen und mit Begleitenden arbeiten. Denn wir alle, wir, die Begleitenden, sind DIE Vorbilder Ihrer Kinder, ihr Steckenpferd, ihr Halt und ihr Boden für einen festen stabilen Start ins große Abenteuer, welches sich LEBEN nennt." Sie lächelte. „Innerhalb der *EfA* geben wir Ihnen das Rüstzeug an die Hand, um Kinder nicht mehr erZIEHEN zu müssen, sondern begleiten zu dürfen."

Einige Eltern nickten. Es gefiel ihnen, was sie hörten.

„Was wir in der *EfA* anbieten, sind Lösungsmöglichkeiten für Lehrkräfte in Schulen, aber auch Begleitung bei Hausaufgabendramen, Schulverweigerung und vieles mehr. Nun schlage ich meinen Bogen zu Ihnen: Warum bin ich heute Abend hier?" Sie legte eine kurze Pause ein. „Frau Haferstroh und Herr Müller kamen auf mich zu. Meine Hochachtung und meinen Dank an dieser Stelle an Sie beide, denn dieser erste Schritt, etwas zur Harmonie an der Schule beizutragen, ist nicht nur, hinzuschauen und zu erkennen, dass Probleme da sind, sondern auch mutig genug zu sein, diese anzugehen."

Sie blickte zur Schulleiterin, die ihr ein Lächeln schenkte.

„Es ging speziell um die Themen *Gewalt und Mobbing* an dieser Schule. Während unseres Gespräches stellte sich dann heraus, dass Wertevermittlung, Werte vorleben nicht mehr so stattfinden kann, wie die Lehrkräfte es nach ihrem Lehramtsstudium vorgehabt hatten, zu leben. Sie haben festgestellt, dass auch unter den Begleitenden oft Unsicherheit, Unwissenheit und Unzufriedenheit zu spüren war." Elizabeth machte eine weitere Pause. Nun kam der entscheidende Moment, in dem es galt, die Eltern mitzunehmen. „Mir ist es enorm wichtig, dass hier, in diesem Kontext niemals von Schuld oder Schuldzuweisung gesprochen wird. Niemand hat hier an irgendeinem Zustand beziehungsweise Umstand eine Schuld." Elizabeth strahlte eine unglaubliche Kraft aus, an der die Zuhörenden erkennen konnten, wie kompetent sie war und wie wichtig ihr dieses Thema und die Wahl ihrer Worte war.

Sie löste sich nun vom Pult und nutzte die ganze Bühne.

„Stellen Sie sich folgende Situation vor: Eine Familie, also Mama, Papa, die fünfzehnjährige Tochter und ihre neun Jahre alte Schwester, sitzt am Esstisch. Es entbrennt eine Diskussion darüber, ob die Ältere auf eine Party darf und wie lange sie bleiben dürfte. Vielleicht kennen Sie so eine Situation." Elizabeth blickte ins Publikum. „Die kleine Tochter hört zunächst aufmerksam zu, dann wird es ihr aber zu heftig. Sie mag keinen Streit, der sich im Gespräch zwischen den Eltern und der Schwester bereits ankündigt. Also steht die Neunjährige auf, verlässt jedoch nicht den Raum, sondern geht einfach zu ihren Spielsachen, die am Boden aufgebaut sind, und beginnt zu spielen."

Es herrschte absolute Stille in der Aula.

„Hier zeigt sich ganz deutlich: Sie wird emotional konditioniert, ist jedoch hilflos, weil sie nur zusieht und beim Konflikt nichts tun kann. Es ist schwer auszuhalten, denn unbewusst ist ihr klar: ‚Wenn ich nicht so bin, wie ich sein soll, verliere ich meine Herde (oder in diesem Fall die Möglichkeit, dass ich auch mal ausgehen möchte). Lebensgefahr. Rückzug. Nichts sagen können und nichts sagen wollen, keine Partei ergreifen. Ich habe damit nichts zu tun. Ich will die Situation nicht aushalten.'

Also geht sie körperlich auf Distanz, geht zu den Spielsachen und hört trotzdem noch, was gesprochen wird. Diese Spielablenkung ermöglicht es ihr, zu filtern, was ist wichtig für mich und was stresst mich gerade. Sie nimmt sich unbewusst aus dem Konflikt am Tisch heraus und sortiert ebenfalls unbewusst, was sie später verwenden könnte. Sie lernt die Streitkultur der Familie kennen, die Reaktionen und Stimmlagen der Menschen im Raum.

Der amerikanische Autor Joseph Chilton Pearce hat sich in den neunzig Jahren seines Lebens dem *magischen Kind* gewidmet. Er sagte einst: ‚Unsere Kinder werden nicht, wie wir wollen, sondern wie wir sind.‘

Pearce ging nun davon aus, dass Kinder eine sogenannte *kreative Kompetenz* besitzen, die sie durch aktives Spielen erwerben. Er sagte, dass Kinder auf diese Weise ihre Umgebung, die mit vielen neuen Informationen auf sie einprasselt, beherrschen und so in der Lage sind, diese im Spiel zu verarbeiten.“ Elizabeth wanderte über die Bühne.

„Ein Kind, das nicht spielen darf, entwickelt Ängste und Symptome von Isolation. Lassen Sie das Kind in dieser Situation nicht spielen, so beherrschen Sie es, wenn auch unbewusst, denn es kann sich nicht aus dem Konflikt herausnehmen und sich in Schutz bringen, was es aber gerne tun möchte und braucht. Kinder im Grundschulalter können sich noch nicht emotional getrennt betrachten. Wird mit der älteren Schwester, wie in meinem Beispiel, laut gesprochen und diskutiert, empfindet die Neunjährige das als Schimpfen und bezieht dies möglicherweise auf sich. Wenn sie es auf sich bezieht, bekommt sie Angst. Diese Ängste werden sichtbar, wenn das Kind nicht mehr gerne zu Tisch kommt, oder es verkriecht sich gleich, wenn sich eine Diskussion auch nur andeutet.“

„Das habe ich nicht gewusst“, gesteht Cynthia leise.

„Ich auch nicht“, gab Tobias zu.

„Dieses Verhalten beobachtete ich selbst oft in der Grundschule. Wenn ich geschimpft habe, weil ich selbst gestresst war, weil ein Kind zum Beispiel mal wieder nicht stillsitzen konnte, so schauten die anderen sechzehn Kinder mich mit angstvollen Augen an. Bei unserer Art zu unterrichten ist es Kindern unmöglich, sich spielerisch aus Konflikten herauszunehmen. Wenn ich von Nichtspielen rede, nehme ich Bezug auf unsere frontale Art zu unterrichten. Die Kinder lernen wenig spielerisch und sind nicht in Bewegung, um zu lernen, stattdessen sitzen sie da und das oft in vollkommener Stille." Elizabeth seufzte. „Lehrpläne, Notendurchschnitte, Bewertungen, all diese Dinge stigmatisieren unsere Kinder.

Die Kinder beginnen, sich zu vergleichen, obwohl wir uns doch eine Gesellschaft wünschen, in der wir groß oder klein, dick oder dünn, schwarz-, rot- oder braunhaarig sein dürfen. Durch dieses Vergleichen bieten wir Mobbing einen wunderbaren Boden, und genau das gilt es zu ändern."

Tobias klatschte Beifall und andere Eltern stimmten mit ein.

Elizabeth wartete, bis der Beifall verebbte, und genoss das Interesse und Zuhören der Eltern. Sie wollte so viele Menschen wie möglich mit diesen Ansichten erreichen. Denn sie sah sich als die Stimme derer, die noch keine hatten: der Kinder.

Herr Müller stellte sich nun neben Elizabeth auf die Bühne, was einige Eltern mit Erstaunen wahrnahmen. Der sonst etwas steife Lehrer zeigte sich von einer ganz anderen Seite und übernahm das Wort. „Wir werden mit der *ElternführerscheinAkademie* zusammenarbeiten, um auch Familien in der Schulzeit mehr Entspannung und Hilfestellung zu verschaffen", sagte er mit ruhiger Stimme.

Elizabeth nickte. „Wir alle haben auch durch Medienüberfluss ein großes Angebot an Möglichkeiten, um uns Unterstützung zu holen. Jedoch empfinde ich dies oft eher verwirrend und zu wenig auf die Individualität unserer ganz eigenen Familienkonstellation angepasst."

Cynthia nickte leise seufzend.

Tobias, der neben ihr saß, lächelte sie an.

„Nicht immer einfach, was?"

„Nein“, wisperte Cynthia zurück und wirkte sehr nachdenklich.

„Jede Familie ist so unterschiedlich, wie wir Fingerabdrücke haben“, fuhr Elizabeth fort. „Jede Konstellation ist so einzigartig und wunderbar anders. Dies gilt es zu erkennen, wahrzunehmen, zu schätzen und entsprechend zu begleiten und zu entwirren. Genau aus diesem Grund haben wir uns entschieden, Ihnen einen Schnupperkurs bei der *EfA* anzubieten, der dann in ein Einzeltraining abgeändert oder durch einen Gruppenkurs ergänzt werden kann.“

Es herrschte kurze Stille, dann applaudierten die Eltern.

„Wirst du das Angebot annehmen?“, fragte Tobias Cynthia leise.

Cynthia zögerte kurz, gab sich dann jedoch ihrer Begeisterung hin. „Auf jeden Fall. Ich habe Elli zwar oft auf unserer *Bank*, jedoch einmal in einen offiziellen Kurs zu gehen und sich auch mit anderen austauschen zu können, hört sich hilfreich an.“

„Da bin ich ganz deiner Meinung“, stimmte Tobias ihr zu.

Cynthia lächelte „Dann können wir ja zusammen hingehen, was meinst du?“

„Sehr gerne.“

Tobias nickte. „Seither habe ich die *EfA* nur von der Unternehmensseite erlebt und in Anspruch genommen. Deshalb war ich auch echt überrascht, als ich hörte, dass Elisabeth hier auf der Bühne stehen würde. Ich wunderte mich zwar über ihr Fachwissen, hab dies aber nie tiefer nachgefragt. Ich hatte eben andere Dinge im Kopf. Ich finde es toll, dass sie dort unterstützt und ich finde sie großartig. Wir haben da einen echten *Schatz* auf der Bank.“

Nachdenklich nickte Cynthia.

„Da hast du vollkommen recht. Seit ich mit Anouk da wohne, ist Elli für uns da. Oft hört sie einfach zu, immer hat sie eine Idee und weiß Rat. Jetzt, wo wir so darüber sprechen, fällt mir auf, dass ich mich noch nie wirklich bei ihr bedankt habe. Das werde ich schnellstens tun!"

Tobias musterte sie. „Warum strahlst du noch nicht ganz?", beobachtete er aufmerksam.

„Naja, in den eigenen Spiegel schauen kostet auch Kraft und ich weiß nicht, ob ich diese jetzt gerade habe", sagte Cynthia leise.

„Wir machen es einfach gemeinsam. Du, ich, Elisabeth und auch Benjamin und Anouk. Ich finde, das hört sich vielversprechend an."

Cynthia hatte endlich mal wieder ein Gefühl von WIR und freute sich sehr.

Wie Elisabeth es ihr schon öfter gesagt hatte, traf der Bauch seine Entscheidung. Was Cynthia und ihren Bauch betraf, so würde sie wohl von Elisabeth erst mal keine Unterstützung mehr brauchen. Ein weiterer Knoten durfte sich „entwickeln".

Glück im Keks

Elizabeth schaute schon das zehnte Mal in drei Minuten auf die Uhr. Einige Wochen war es nun her, seit Tobias nervös auf der *Bank der Lösungen* gesessen und Elizabeth um Unterstützung in punkto Cynthia gebeten hatte. Er wollte alles richtig machen, mit dem neuen Job bei seinem Geschäftsfreund und aber auch mit Cynthia selbst. Die Gefühle für Cynthia, hier machte er es, wie Elisabeth vorgeschlagen hatte: Er hörte auf seinen Bauch. Dann wird alles klappen, darauf vertraute er. Doch dieses Mal ging es nicht um seine Gefühle und ausnahmsweise einmal nicht um die Kinder.

„Wo bleibt sie nur? Zu spät kommen ist doch so gar nicht ihre Art."

„Meinst du, sie hat uns durchschaut?", raunte Tobias' Stimme aus dem Gebüsch hinter der Bank.

Elizabeth zog eine gespielte Grimasse. „Ich glaube nicht. Ich war sehr unauffällig mit meiner Einladung."

Wieder blickte Elizabeth auf die Uhr.

„Entschuldige bitte!" Völlig aus der Puste ließ sich Cynthia auf der *Bank der Lösungen* nieder. „Ich glaube, ich muss dringend anfangen zu joggen. Der Bus hatte Verspätung, und zwar nicht nur fünf Minuten, sondern eine halbe Stunde."

„Dann atme erst einmal tief durch und lass dir von mir eine heiße Schokolade bringen. Möchtest du auch ein Glas Wasser?"

„Es tut mir wirklich leid, dass ich zu spät bin. Ja, Wasser wäre prima."

„Kein Problem. Ich werde die Haut auf der Schokolade einfach entfernen." Grinsend lief sie ins Haus und kam kurz darauf mit zwei Bechern Kakao und einem großen Glas Wasser wieder heraus.

Neben dem Tablett lag allerdings noch etwas: ein Keks.

Unsicher blickte Cynthia vom Keks zu Elizabeth und wieder zum Keks.

„Seit wann isst du Kekse?“

„Oh, der ist nicht für mich. Der ist für dich, meine Liebe.“

„Für mich?“ Cynthia blickte lachend an sich herunter. „Ich sollte nicht nur joggen, sondern wollte dringend auch einige Pfunde abnehmen“, lachte Cynthia über sich selbst.

„Liebes, du machst dir Gedanken, wo keine notwendig sind. Du siehst perfekt aus.“

„Nun, *perfekt* ist wohl etwas übertrieben.“ Zögernd nahm Cynthia den Keks vom Tablett. „Warum ist der so komisch gerollt? Hast du den selbst gebacken? Sieht gut aus.“

„Du darfst ihn einfach in der Mitte auseinanderbrechen“, sagte Elizabeth.

Cynthia versuchte, den Keks mit den Zähnen zu teilen.

Leise kichernd beobachtete Elizabeth sie.

„Warum lachst du?“

„Es scheint, als ob du zum ersten Mal einen Keks auseinanderbrechen sollst.“

Cynthia stimmte ins Lachen ein. „So fühle ich mich auch.“

Während sie versuchte, ihn nun doch mit den Händen in zwei Teile zu brechen, schlüpfte Tobias aus dem Gebüsch.

Fast hätte Cynthia den Keks fallen lassen. „Gute Güte. Wo kommst du so plötzlich her?“

„Hallo ihr zwei! Ich brauche etwas Gesellschaft. Darf ich mich zu euch setzen?“

Beide Damen nickten erfreut und Tobias ließ sich neben Cynthia auf der Bank nieder. Unauffällig drehte er sich zu Cynthia.

Sie spürte, dass etwas in der Luft lag.

„Was habt ihr zwei ausgeheckt? Ich sehe an euren Nasenspitzen, dass ihr was ausgebrütet habt."

„Da hast du recht", sagte Tobias nur. „Nun brich schon den Keks entzwei", drängte er.

Cynthia funkelte ihn witzelnd an. „Was hast du mit dem Keks zu schaffen?"

Tobias lächelte wie ein Honigkuchenpferd.

Cynthia schaffte es endlich, den Keks zu teilen, und sah einen Zettel herausgucken. „Ein Glückskeks!"

Sie fischte den Zettel aus dem Keks und ließ sich die eine Hälfte des Gebäcks in aller Seelenruhe schmecken.

„Wie, du liest den Zettel gar nicht?", fragte Tobias überrascht.

„Bist du denn gar nicht neugierig?", mischte sich nun auch Elizabeth ein.

„Doch, und wie! Aber es macht Spaß zu sehen, dass es Menschen gibt, die noch neugieriger sind als ich." Lachend stopfte sich Cynthia die zweite Hälfte vom Keks in den Mund und nahm den Zettel.

Sie überflog den Zettel und traute ihren Augen nicht. Sie las ihn wieder und wieder.

Kommenden Freitag, zehn Uhr im Büro von

Bernhards Verpackungsmaschinen GmbH.

Liebe Grüße, Tobias

Der Keks schien im Mund immer mehr zu werden. Cynthia starrte so lange auf den Zettel, bis ihre Augen ganz glasig waren.

Im selben Augenblick wünschte sie, sie hätte sich nicht so maßlos viel Keks in den Mund geschoben, denn jetzt war sie nicht in der Lage zu antworten.

„Was genau hat dies zu bedeuten?", fragte sie mit gemischten Gefühlen. Sie erinnerte sich daran, dass Tobias ihr angeboten hatte, sie bei seinem Geschäftspartner als Nachfolgerin einer Mitarbeiterin vorzuschlagen.

„Und? Was sagst du?" Ungeduldig wippte Tobias vor und zurück.

Immer noch kaute Cynthia auf dem Keks herum und er wollte einfach nicht weniger werden.

Amüsiert kicherte Elizabeth und deutete auf Cynthias Becher. „Trink doch etwas!"

Cynthia spülte den Keks herunter und rutschte mit der Zunge über ihre Zähne. „Ich kann es kaum fassen. Ich bin sprachlos, dass ich einfach so zu einem Vorstellungsgespräch kommen darf, ohne auch nur einen Bewerbungsfinger dafür gerührt zu haben."

„Du hattest gute Unterstützung", warf Elizabeth ein.

Tobias musterte sie. „Ich bin der festen Überzeugung, dass du perfekt in sein Team passt, nach allem, was du mir von dir erzählt hast." Er ließ ihr eine kleine Pause. „Allerdings hat die Sache einen Haken."

Cynthias linker Mundwinkel rutschte einen Hauch nach oben. ‚War ja klar, dass es einen Haken gab!', verfiel sie in ihr altes Gedankenmuster.

‚Tolle Angebote haben *immer* einen Haken', hatte ihr Vater immer gesagt.

Sie holte tief Luft und hielt den Atem an. Auffordernd blickte sie zu Tobias, ihr Herz raste.

Tobias lächelte. „Wenn du die Stelle bekommst, wirst du ein wenig durch die Welt fliegen. Er hat die Stelle erweitert und somit sind auch einige Geschäfte im Ausland zu tätigen. Gerne helfe ich dir auch mit einer Lösung für Anouk. Ich selbst werde ja mehr zu Hause sein. Jetzt, wo ich auch alleinerziehend bin, könnten wir uns doch gegenseitig unterstützen. Was meinst du?"

„Das ist der Haken?", fragte Cynthia ungläubig.

„Ja."

„Ich fliege auf Firmenkosten in die schönsten Ecken der Welt?"

Tobias lachte leise. „Ich hoffe doch, dass es schöne Ecken sind. Aber soweit ich informiert bin, sind das sehr schöne Fleckchen auf diesem Erdball, ja."

„Wow!" Cynthia blinzelte schnell die Tränen weg. Sie wollte auf keinen Fall, dass er sah, wie nah sie am Wasser gebaut war. Das war jedoch gar nicht so einfach, denn sie war so gerührt, dass sie ihre Tränen nicht mehr unter Kontrolle hatte und diese sich selbstständig machten.

„Entschuldige bitte!"

„Du musst dich nicht entschuldigen." Tobias breitete seine Arme aus und nach einer Millisekunde des Zögerns nahm Cynthia sein Angebot an und legte sich in seine Arme. „Danke! Danke! Vielen Dank für diese Chance! Ich werde sie gut nutzen."

„Das weiß ich", sagte Tobias nur und grinste. „Meine Menschenkenntnis hat mich noch selten im Stich gelassen. Du wirst das großartig machen. Sie werden dich mögen, so wie du bist." So wie ich, fügte er in Gedanken hinzu.

Spürbare Veränderungen

„Herr Müller, Sie haben sich heute aber schick gemacht", platzte Tim beim Anblick seines Klassenlehrers heraus.

Herr Müller lächelte glücklich.

Er trug heute einen tollen Anzug mit weißem Hemd und Krawatte.

„Gibt es etwas zu feiern?", fragte Benjamin.

„Und ob! Bei uns an der Schule hat sich mächtig etwas getan, findet ihr nicht? Ich möchte mit euch gleich ein Ritual einführen und hoffe sehr, dass es euch gefällt."

Es klopfte.

„Herein!", rief Herr Müller.

Die Hausmeister der Sonnenbergschule kamen herein und trugen einen fast türhohen Rosenkranzbogen herein. Dieser wunderschöne, mit bunten Blumen geschmückte Torbogen wurde für gewöhnlich nur für die Einschulungskinder während der Willkommenszeremonie eingesetzt.

„Wo sollen wir den Bogen platzieren, Herr Müller?", fragte einer der Männer.

„Bitte hier vorne, wo ich bereits etwas Platz gemacht habe. Vielen Dank!"

Die Männer stellten den Torbogen ab und verließen das Klassenzimmer.

Herr Müller wandte sich an seine Klasse. „Wisst ihr, was ein Ritual ist?"

„Naja, etwas, was man immer wieder macht, so wie Zähneputzen, oder?", platzte Benjamin heraus.

Manche Kinder kicherten.

Anna meldete sich.

„Bitte, Anna!“

„Meine Mama sagt, mit Ritualen kann man Wünsche manifestieren. Oder man kann alte Glaubenssätze verabschieden und in neue gute umwandeln.“

„Das ist richtig, Anna.“

„Klingt ein bisschen nach Esoterikkram“, sagte Tim.

„Als Kram möchte ich es nicht bezeichnen. Ich möchte es heute als eine Art Zeremonie einführen“, erklärte Herr Müller. „Könnt ihr euch vorstellen, was ich heute für ein Ritual einführen möchte?“

Hanna meldete sich. „Vielleicht etwas zum Thema *Mobbing*?“

„Ja, das gehört auch dazu, richtig, Hanna. Wir haben in den letzten Wochen viel besprochen und erlebt. Vor allem habt ihr alle mitbekommen, welche Veränderungen auf dem Schulhof anstehen. Von euren Eltern habt ihr sicherlich von unseren internen Schulungen bei der *EfA* erfahren und dass wir in absehbarer Zeit ein Restaurant haben werden. Nun möchte ich euch bitten, dass ihr euch im Stuhlkreis so um den Torbogen setzt, dass wir alle sehen können, wie jeder Einzelne von uns durch den Bogen schreitet“, sagte Herr Müller.

Einige Schüler wollten schon beginnen, die Tische beiseitezuschieben.

„Bitte wartet noch einen kleinen Augenblick!“ Herr Müller hob eine Hand. „Bevor wir beginnen, nehmt euch bitte jeder zwei Blätter. Auf das erste Blatt schreibt ihr drei Dinge auf, die ihr NICHT mehr haben wollt. Auf das zweite Blatt schreibt ihr die drei Dinge, die ihr euch für die Schule oder für das Leben wünscht.“

Sebastian meldete sich: „Wie meinen Sie das? Haben Sie ein Beispiel?“, fragte er unsicher.

„Ja. Sieh mal. Hier habe ich das erste Blatt. Einer meiner drei Punkte ist, dass ich nicht mehr möchte, dass Kinder Gewalt anwenden, und dann überlege ich mir noch zwei weitere Dinge, die ich nicht mehr möchte. Hier habe ich dann den zweiten Zettel und schreibe meine drei Wünsche auf. Ich wünsche mir, dass die Kinder in meiner Klasse das Nein eines anderen Kindes respektieren. Du wirst deine eigenen Punkte finden und dann lässt du es hier auf dieser Seite des Bogens, aber das zeige ich euch noch einmal, denn ich mache das Ritual mit."

„Ah, das ist logisch", sagte Sebastian und nickte. Ihm fielen auf Anhieb seine Punkte ein.

Dann klopfte es an der Tür.

„Hallo Herr Müller, geht es schon los?", Frau Reinsmann, die Musiklehrerin, betrat fröhlich das Klassenzimmer.

„Hallo Frau Reinsmann, schön, dass Sie Ihre Freistunde hergeben, um mir zu helfen. Ich hatte Ihnen bereits von unserem Ritual erzählt. Während die Kinder schreiben, erkläre ich Ihnen kurz, wie ich mir das vorgestellt habe."

Frau Reinsmann nickte und stellte sich nach vorne zum Torbogen. Die Kinder holten sich ihr Papier und begannen zu schreiben, während die Lehrer das Ritual absprachen.

Als sie fertig waren, begann Herr Müller mit dem Ritual.

„Jeder von uns, alle Menschen auf diesem Planeten, sind einzigartig. Wir haben Schwächen und Stärken. Erstaunlicherweise jedoch konzentrieren wir uns alle mehr auf unsere Schwächen und vernachlässigen das, was uns ausmacht: unsere Stärken und Talente." Herr Müller schluckte. „Jeder der hier Anwesenden wächst in einer anderen Familie auf, hat einen anderen familiären Hintergrund. Es gibt Schüler, die haben nur einen Elternteil, sei es durch Tod oder Trennung; es gibt Schüler, die leben im Kinderheim, weil ihre Eltern selbst Unterstützung in Anspruch nehmen, und es gibt Schüler, die ein harmonisches und traumhaftes Elternhaus haben."

Herr Müller schaute in die Runde. Alle wussten, dass Tim in einem Kinderheim lebte. Dieser schnitt auch sogleich eine Grimasse. Er hasste es, wenn man ihn mit dem Kinderheim in Verbindung brachte, auch wenn das seit vielen Jahren sein Zuhause war. Er schämte sich, dass seine Eltern so unfähig waren, sich um ihn und seinen Bruder zu kümmern.

„Einige Menschen sind neidisch auf das, was sie nicht haben. Wir können aber lernen, auf das zu schauen, was wir haben und was wir können!"

„Ich finde, wir kriegen das mittlerweile schon ganz gut hin", bemerkte Anne leise.

Herr Müller lächelte. „Das ist richtig. Trotzdem möchte ich das Thema Mobbing noch einmal ansprechen. Mobbing ist eine Art von Gewalt und bedeutet, Menschen bewusst zu quälen. Es führt das Opfer in die Verzweiflung, Ohnmacht, Scham und Aussichtslosigkeit, im schlimmsten Fall bis in den Tod, denn immer wieder suchen Schüler den Freitod."

Herr Müller räusperte sich. „Es gibt 32.228 Schulen in Deutschland, an denen etwa acht Komma drei Millionen junge Menschen lernen. Einer PISA-Studie zufolge aus dem Jahr 2017* sind etwa fünfhunderttausend Schüler von Mobbing betroffen. Darum ist es mir besonders wichtig, dass wir respektvoll miteinander umgehen."

„Sind das wirklich sooo viele?", fragte selbst Tim ungläubig.

„Jeder, der betroffen ist, ist einer zu viel!", betonte Herr Müller. „In Zeiten des Internets ist Mobbing noch viel einfacher und sehr viel gefährlicher und offener geworden. Hass im Netz hat ungeahnte Folgen, die um die ganze Welt gehen. Und deshalb möchte ich dieses Ritual durchführen. Ich möchte euch und mir die Gelegenheit geben, die Dinge zurückzulassen, die wir nicht mehr haben wollen, und die Wünsche aufzunehmen, die wir gerne erfüllt haben möchten. Bevor wir beginnen, bitte ich euch, eure Wünsche Frau Reinsmann zu geben. Die Gedanken, die ihr hierlassen wollt, gebt ihr mir, bevor ihr durch den Torbogen geht." Nun machte Herr Müller noch eine weiche ruhige Musik über sein Handy an.

Frau Reinsmann stellte sich hinter den Torbogen, Herr Müller platzierte sich davor und zeigte den Kindern das Ritual. Seinen ersten

Zettel legte er dabei auf den Schreibtisch. Dann stellte er sich wieder vor den Torbogen und wartete ab.

„Wie bei Frau Holle, wenn das fleißige und das faule Mariechen durch den Torbogen der Stadt laufen", witzelte Tim.

„Genau. Nur, dass ihr eure eigenen guten Wünsche von mir entgegennehmen werdet", nahm Frau Reinsmann seine Bemerkung aufmerksam auf.

„Das ist eine tolle Idee", sagte Anouk ganz berührt. Sie liebte es, so mit Problemen umzugehen. Bei ihrer Mama hatte sie dies schon gesehen, deshalb waren ihr Loslassrituale bekannt. Sie nahm ihren ganzen Mut zusammen und sagte laut: „Frieden fängt vor der eigenen Haustür an." Spott und Hohn, die sie von Tim oft erntete, blieben überraschenderweise aus.

Herr Müller entging dieser Moment nicht und er freute sich insgeheim, dass er auch bei Tim eine Veränderung beobachten konnte.

‚Die Mühe lohnt sich immer und immer wieder', dachte er bei sich.

Anne nickte Anouk zu. Herr Müller nahm den Satz von Anouk auf und fuhr fort:

„Richtig, Anouk. Frieden fängt vor der eigenen Haustür an und ich gehe noch einen Schritt weiter und ergänze: sogar schon im eigenen Kopf."

Alle Schüler gingen nacheinander sehr bedächtig und aufmerksam durch den Bogen. Während Herr Müller bei jedem Kind sagte: „Lass hier, was du nicht mehr brauchen kannst," ergänzte Frau Reinsmann: „Und nimm mit, was gut für dich ist." Dabei gab sie den Kindern die Wünsche, die sie sich zuvor notiert hatten.

Was diese zwei Sätze mit den Schülern machten, konnte man noch viele Wochen bei wunderbaren Gelegenheiten wahrnehmen.

Ein weiterer wichtiger Punkt war der Anti-Mobbing-Vertrag, den die Schüler gemeinsam erarbeitet hatten. In diesem Vertrag wollten sie sich verpflichten, dass sich eine Situation wie zwischen Anouk und Benjamin nicht wiederholen sollte.

Herr Müller bat noch einmal um die Aufmerksamkeit seiner Klasse „Hört noch mal kurz zu, bitte! Wir haben auch noch unseren Anti-Mobbing-Vertrag. Den habt ihr wirklich sehr gut ausgearbeitet und ich finde, dass wir diesen heute unterschreiben können. Eure Eltern waren alle damit einverstanden."

Anouk war wieder die Erste, nahm ihren Stift und setzte ihre Unterschrift umgehend und gerne auf den Vertrag.

„Was beinhaltet dieser Vertrag?", fragte Frau Reinsmann leise, da sie nicht eingeweiht war.

Anouk ging mit ihrer Vertragsausfertigung zu ihr und las ihr leise vor:

> *„Eine angenehme Lernatmosphäre ist wichtig für erfolgreiches Lernen und den sozialen Umgang miteinander. Aus diesem Grund legen wir, die Klasse 9b, folgende Klassenregeln fest:*
>
> *1. Wir achten in Wort und Tat auf die Würde unserer Mitschüler*innen und aller Menschen.*
>
> *2. Wir sprechen Probleme und Themen offen an und vermeiden so die Entstehung und Verbreitung von Gerüchten, denn ‚Kommunikation ist der Schlüssel'!*
>
> *3. Wir unterstützen uns gegenseitig und setzen uns für den Schwächeren ein und stärken ihn durch unsere Gemeinschaft …"*

Als Anouk fertig war, konnte sie sehen, wie beeindruckt die Lehrerin war.

„Wahnsinn, echt gut!", lobte Frau Reinsmann.

Anouk nickte und legte ihren Vertrag stolz auf ihren Tisch.

Während die Schüler ihre letzten Unterschriften leisteten, fing Herr Müller an, noch Karten an jeden Schüler zu verteilen. Es war ihm wichtig, persönliche Wünsche für jedes Kind zu formulieren. Diese Wünsche brachte er auf individuelle Karten an, die er mühevoll und kreativ gestaltet hatte. Jede Karte so individuell wie jedes einzelne Kind seiner wunderbaren Klasse. Sie hatten viel geleistet dieses Jahr!

Einige Tage darauf wurden Tests geschrieben und korrigiert zurückgegeben.

„Was ist denn das auf meinem Test?“, fragte Tim überrascht, als er seine Mathearbeit in seinen Händen hielt.

Frau Maier lächelte. „Da staunst du, was?“

„Sie markieren unsere Fehler jetzt mit Lila?“

„Ja“, antwortete sie und strahlte.

„Das find ich super, aber warum?“, fragte Anouk.

„Frau Haferstroh will mit der Zeit gehen. Die Farben beim Korrigieren sind nur im Abitur vorgeschrieben und so haben wir beschlossen, es einfach einmal auszuprobieren und das auch ganz bewusst, ohne euch davon im Vorfeld zu erzählen. Bei den Schulungen bei der *EfA* wurde dies ebenfalls einmal angesprochen, Frau Haferstroh hat diesen Punkt aufgegriffen und mit den Erklärungen von Frau Reimer erschien uns die Umsetzung logisch.“

„Ist Frau Reimer nicht Anouks Großmutter? Sie hat Ihnen das vorgeschlagen?“, witzelte Benjamin.

„So ungefähr, Benjamin", erwiderte die Mathelehrerin.

„Was hat Sie dazu bewogen, dies umzusetzen?", wollte Anouk wissen.

„Nun, jedes Mal, wenn ich einen roten Stift in der Hand hielt, tauchte deine Oma vor meinem inneren Auge auf und sagte: ‚Wenn du das jetzt rot anstreichst, erschreckst du deinen Schüler. Rot steht oft für Gefahr oder Verbote.' Außerdem las ich in einer *Elternzeitung* über eine Studie, die herausfand, dass Lehrkräfte, die immer noch mit Rot korrigierten, zu den unbeliebten Lehrkräften zählten, und das wollte ich nicht. Frau Haferstroh ließ es uns während einer Testphase frei, ob wir dies ändern wollten oder nicht."

„Und da haben Sie sich gedacht, Sie befolgen den Rat einer alten Dame?", rief Hanna.

„Genau. Ich dachte mir, ich kann nur gewinnen. Denn ich fand es zu meiner Schulzeit auch schon doof. Als Frau Haferstroh uns diese Möglichkeit bot, griff ich zu. Sie nannte es *alte Krusten aufbrechen*, um neu heilen zu lassen. Andere Kollegen haben das auch schon so begonnen und meinten, es käme in den Klassen gut an."

„Sie änderten damit nicht nur die Farbe", traute sich Anouk zu sagen.

„Stimmt. Ich habe auch meine innere Haltung zu Fehlern geändert."

„Mir wurde wieder bewusst, wie ich mich gefühlt habe, überhaupt bewertet zu werden. Dabei sind Fehler für mich die *Augenöffner* und Möglichkeiten, um zu erkennen, wo ich noch einmal mit euch ansetzen kann. Ich möchte ab heute mit Fehlern auch genauso umgehen. Nicht, dass ich viele Fehler toll finde. Jedoch sind sie hilfreich und sollten nicht mehr als *Bestrafung* von euch wahrgenommen werden."

„Naja, aber die Noten bewerten uns immer noch und es gibt gut und schlecht", erkannte Anouk gleich.

„Ja, das stimmt Anouk. Aber Rom wurde auch nicht an einem Tag gebaut, nicht wahr? Es gibt bereits Schulen, die auch erst ab der achten Klasse Noten geben. Dies wird vielleicht der nächste Schritt hier an der Schule sein. Ich kann ab heute und sofort mit meinen Farben beim Korrigieren variieren. Das freut mich jetzt schon und hilft uns allen. Das mit den Noten machen wir dann zusammen mit Frau Haferstroh", schloss Frau Maier.

Es dauerte noch einige Minuten, bis etwas Ruhe einkehrte und Frau Maier ihren Unterricht fortsetzen konnte.

Schlemmen erlaubt

Die Monate vergingen und so auch ein weiteres Schuljahr. Ruhe kehrte in die Schule ein. Ein freudvolles Treiben fand unter den Bäumen, an dem Klettergerüst und auf dem Schulhof statt.

Alle Lehrkräfte einschließlich Frau Haferstroh besuchten nun regelmäßig die *EfA*, es gab viel mehr Elternabende, da das Zusammenspiel von Schule, Lehrkräften, Eltern und Schülern existenziell wichtig war.

Das Mobbing an der Schule nahm mehr und mehr ab, die Lehrkräfte wurden liebevoller und ruhiger und der Bau des Restaurants war nahezu abgeschlossen. Die Einweihungsfeier stand an.

„Ich bin erstaunt", platzte Frau Haferstroh ins neue Restaurant und stürmte auf Tobias zu, der gerade die letzten Vorbereitungen und Abschlüsse mit der Küche im Restaurant besprach. Anouk, Benjamin und Tim standen ebenfalls dabei.

„Nie im Leben hätte ich gedacht, dass Sie das Restaurant innerhalb eines Schuljahres fertigstellen können."

„Tja, was man alles schaffen kann, wenn man nur möchte", antwortete er stolz und grinste spitzbübisch.

„Ich freue mich schon auf Ihre Eröffnungsrede", lächelte er.

Frau Haferstroh blickte ihn glücklich an. „Ich mich auch, obwohl ich sehr aufgeregt bin", gestand sie.

„Wissen Sie was, Frau Haferstroh?", mischte sich Anouk ein.

Überrascht über das mutige Auftreten der sonst eher stillen Schülerin, antwortete Frau Haferstroh: „Nein, was denn?"

„Ich finde es richtig gut, dass Sie das Coaching noch nachgeholt haben, obwohl Sie krank waren. Ich fühle, dass Sie und viele andere Lehrkräfte entspannter sind. Es macht sogar Spaß, zur Schule zu gehen." Anouk klopfte das Herz bis zum Hals. Dass sie einmal das Wort Spaß und Schule in einem Satz sagen würde, überstieg früher ihre kühnsten Träume.

Frau Haferstroh lächelte. „Danke, Anouk! Das bedeutet mir sehr viel."

„Jetzt kann ich sehen, dass Sie Ihren Beruf lieben. Früher haben Sie oft den Eindruck vermittelt, als würden Sie jeden einzelnen Tag hier nur rumkriegen wollen." Dank Oma Elli, dachte Anouk und war sehr stolz darauf, dass ihre Ersatzoma so viel bewirkt hatte.

Frau Haferstroh nickte. „Manchmal ist es gut, wenn man von außen den Spiegel vorgehalten bekommt und so die Chance hat, etwas zu verändern. Als ich vor vielen Jahren anfing, als Lehrerin zu arbeiten, war ich voller Ideen", fing Frau Haferstroh an zu schwärmen. „Jetzt wünsche ich mir und den Kindern, dass ich diesen zurückeroberten Tatendrang nie mehr verliere. Es macht mir nämlich viel mehr Freude zu unterrichten und die Schule zu leiten als früher."

„Das glaube ich Ihnen", sagte Anouk.

Die Schulleiterin nickte und nahm Anouk ohne darüber nachzudenken in die Arme. Sie drückte das Mädchen und vergaß völlig, dass sie dies eigentlich gar nicht durfte. Es war ihr in diesem Moment unwichtig, denn sie hatte gelernt, dass das ganze Leben eine Beziehung ist. Auch eine Beziehung zwischen Schulkindern und Lehrkräften.

„Danke für deinen Mut, Anouk. Ich denke, mit all unseren Projekten als Schule ohne Rassismus und mit Courage werden wir ein gutes Beispiel für andere Schulen abbilden. Besonders die *EfA* hat uns unglaublich gut begleitet. Auch diese Erfahrung werde ich an meine Rektorenkolleg*innen weitergeben." Sie lächelte. Frau Haferstroh wandte sich an Tobias. „Herr Stein, ich verabschiede mich für heute, damit ich die Eröffnungsrede noch schreiben kann."

Tobias lächelte. „Das freut mich. Viel Erfolg dabei!"

„Danke!"

Am Nachmittag der Restauranteinweihung stand Frau Haferstroh in der Aula.

„Liebe Schüler*innen, liebe Eltern und Begleiter*innen, liebe Frau Reimer von der *EfA*, der *ElternführerscheinAkademie*, lieber Herr Stein von der Steinwerk GmbH, liebe Lehrkräfte. Sehr geehrte Vertreter*innen der Stadtverwaltung, ein dankendes Hallo an unsere Sponsoren und ein herzliches Hallo an alle allwesenden Gäste. Sie alle darf ich heute hier in unserem neuen Restaurant recht herzlich begrüßen.

Der Anfang meiner Rede mag für Sie mit einem ungewöhnlichen ersten Dank beginnen, für mich ist er jedoch sehr wichtig. Ich danke in der Tat den Schüler*innen, die uns täglich herausfordern. Ich danke ihnen, dass sie uns täglich zeigen, dass sie unsere Unterstützung einfordern und dass sie niemals aufgeben. Zugegeben, es ist oft anstrengend und nervenaufreibend. Jedoch fordern sie mich und all uns Erwachsene heraus, uns zu hinterfragen und zu überdenken. Durch ihre wenn auch manchmal unschönen Aktionen zwingen sie mich als Schulleiterin regelrecht dazu, über meine Verantwortung nachzudenken, meine Aufgabe ernst zu nehmen, auch meiner Intuition zu folgen und meinen Visionen nachzugehen und treu zu bleiben. Sie sind es, für die ich mich jeden Tag bemühen und anstrengen möchte, um ihnen eine gewinnbringende, harmonische und auch schöne Schulzeit zu ermöglichen. Ich möchte alles tun, um ihnen einen Start ins Leben zu bieten, der sie selbstbewusst, sicher und gebildet durchs Leben begleitet.

Mein zweiter Dank geht an Herrn Tobias Stein für seinen Vorschlag, ein Restaurant auf unserem Schulgelände zu errichten. Zugegeben, als er damals in mein Büro kam und mir den Vorschlag des Restaurantbaus unterbreitete, schien mir dies zu jenem Zeitpunkt ein Ding der Unmöglichkeit zu sein. Ich war so sehr in meinem Schulalltag festgefahren und verhaftet. Herr Stein und Sie, Frau Reimer, haben uns alle in den vergangenen Monaten ganz schön aufgerüttelt und an das erinnert, was uns einst dazu bewegt hat, den Beruf der Lehrkraft zu wählen. In einem unserer Gespräche sagten Sie, Herr Stein, unter anderem, dass Sie sich als Unternehmer freie, selbstbewusste, kreative und teamfähige Auszubildende für heute und Mitarbeitende für Morgen wünschen. Sie sagten, dass, wenn wir hier in der Schule den Grundstein dafür legen, viele Schulabgänger gut vorbereitet in ihre Zukunft starten werden können.

Unsere Sonnenbergschule hat nun die besten Voraussetzungen, um ab sofort neue Wege mit Herz, Stärke und Engagement zu gehen.

Dieses Restaurant, welches im Übrigen auch außerhalb der Schulzeiten als solches besucht werden darf, ist der Anfang einer neuen Ära. Viele Dinge, die wir im Coaching gelernt haben, werden wir weiter in enger Zusammenarbeit mit unseren neuen Lern- und

Schulbegleitern umsetzen. Ich freue mich auf viele leckere, gesunde Gerichte in diesem Restaurant und auf inspirierende Momente und ich bin mir sicher, dass diese Bereicherung uns in vielen einzelnen Situationen guttun wird. Weitere Veränderung wird spürbar sein. Bevor ich nun ins endlose Schwärmen verfalle, möchte ichmeinen dritten Dank an Frau Reimer und die *ElternführerscheinAkademie* richten. Damit Sie meine Worte besser einschätzen können, sage ich Ihnen, dass ich schon vor einigen Jahren mit der *EfA* zusammengearbeitet habe, denn auch ich als Mutter hatte meine Herausforderungen. Damals ließ ich mir von einer sehr kompetenten Lernbegleiterin helfen. Die Motivation bei der Arbeit war eine wahre Freude. Diese wollte ich auch finden und habe sie heute mehr denn je. Ich selbst wurde innerhalb der Zusammenarbeit sehr viel entspannter im Umgang mit mir und meinen Kindern. Dass dies auch meinen Kindern guttat, konnte nicht nur ich, sondern auch alle anderen beobachten. Sie gehen seitdem gerne in die Schule. Sie lernen gerne und wissen, wo ihre Stärken liegen. Mit Niederlagen können sie gut umgehen. Ich wäre ohne Herrn Stein niemals auf die Idee gekommen, dass die *EfA* nicht nur mir als Privatperson, sondern auch mir als Rektorin helfen kann. Für diese Augenöffnung danke ich Ihnen, Herr Stein, und übergebe gleichzeitig das Wort an Sie. Ich danke Ihnen." Ein tosender, fast erlösender Applaus begleitete Frau Haferstroh an ihren Platz und Tobias kam nach vorne.

Er trat hinter das Mikrophon.

„Liebe Gäste und alle bereits Genannten und alle Mitwirkenden an diesem wunderbaren Projekt für die Sonnenbergschule.

Ich freue mich, dass ich in diesem, für mich ungewöhnlichen Rahmen sprechen und mich bedanken darf.

Ungewöhnlich deshalb, weil dieses Restaurant zwar ein Bauprojekt ist, wie ich es in der Tat schon oft begleitet habe, doch noch nie in einer Schule! Einem Ort, an dem mein Sohn, Ihre Kinder tagtäglich ein- und ausgehen. Tagtäglich ihre Pausen verbringen, ihre Freunde oder auch Nichtfreunde treffen, sich begegnen.

Deshalb ist nicht nur das Restaurant ein Ort der Begegnung, sondern die ganze Schule, und wenn ich etwas philosophisch werden darf, unser ganzes Leben ist eine Begegnung.

Deshalb bin ich vor allem meinem Sohn Benjamin dankbar. Dankbar dafür, dass er mir täglich die Augen öffnet, dankbar, dass er sich bereit erklärt hat, mit mir zu wachsen und weiterzukommen."

Tobias spürte, dass alle aufmerksam zuhörten. Er war sich jedoch sicher, dass nicht alle verstehen konnten, was er meinte, doch es war ihm wichtiger, dass Benjamin in aller Öffentlichkeit hören durfte, wie wichtig er für ihn war. Benjamin verstand, was sein Vater ihm sagte, und nur das zählte in diesem Moment.

Sein Blick wanderte auch zu Cynthia. Sie lächelte und er fuhr fort: „Wie Frau Haferstroh schon sagte, die Schüler haben UNS gezeigt, was sie brauchen. Wir als Erwachsene und Verantwortungstragende haben es umgesetzt. Wir waren aufmerksam und mutig. Ja, es war oft schwierig, alt Eingefahrenes neu zu denken, doch es hat sich gelohnt. Die Teams der *EfA* haben uns kompetent zur Seite gestanden und uns eine andere Sichtweise auf die Entwicklung unserer Kinder gegeben. Ich finde, wir haben alles gemeinsam sehr gut Schritt für Schritt umgesetzt und hinbekommen. Jedem Einzelnen, der an dem Gesamtprojekt Schule und Kinder in Harmonie einen Anteil hatte, gebührt Dank und Anerkennung." Er machte nun eine längere Pause, als würde er überlegen.

„Ich könnte noch so viel sagen, doch uns bleiben viele weitere persönliche Gespräche und deshalb möchte ich Sie bitten, den

Abend zu genießen, die roten Bänke wahrzunehmen und sich das grandiose Buffet schmecken zu lassen. Herzlichen Dank."

Wieder gab es tosenden Applaus, bis Tobias zurück zu seinem Platz neben Cynthia kam. Diese strahlte ihn stolz und bewundernd an. „Du bist nicht nur ein toller Unternehmer, du scheinst auch ein wunderbarer Redner zu sein", sagte sie und lächelte.

Tobias wurde rot „Danke, das zu hören tut gut. Wollen wir uns auch etwas stärken?"

Cynthia nickte. „Sehr gerne. Es riecht himmlisch."

Tobias lächelte. „Das finde ich auch. Hast du denn schon alles organisiert für die Reise nach Mauritius?"

Cynthia atmete tief ein. „Fast alles. Ich kann es immer noch nicht glauben, dass ich einen so traumhaften Job bekommen habe."

Mit ihren Tellern bestückt, suchten sie sich einen Sitzplatz.

„Wow, die roten Lederbänke sind echt der Hammer!", platzte Cynthia beim Hinsetzen heraus. „So bequem!"

Tobias schnalzte übermütig mit der Zunge. „Freut mich, dass sie dir gefallen."

Cynthia grinste. „Mein Arbeitsplatz ist so unfassbar genial, dass ich es immer noch nicht glauben kann, obwohl ich nun schon viele Wochen in Bernhards Firma arbeite."

„Ja, es spricht sich bereits herum", witzelte Tobias.

„Echt?"

Tobias lachte leise. „Natürlich und es ist nur Gutes. Die Vorgängerin von dir hinterließ große Fußstapfen. Bernhard war sich bewusst, dass es Zeit braucht, bis du gut eingearbeitet bist. Doch dass du es so schnell geschafft hast, hat selbst ihn überrascht." Cynthia war überglücklich über dieses Kompliment.

Wenn ihr jemand vor einem Jahr gesagt hätte, dass sie innerhalb eines Jahres eine neue Arbeitsstelle bekommen würde, hätte sie es nicht für möglich gehalten. Eine Arbeitsstelle, die sie unendlich glücklich machte und bei der die Arbeit sogar Spaß machte. Eben Spaßhaben beim Geldverdienen. An einem Platz, an dem sie wertgeschätzt, gesehen und wahrgenommen wurde. Wenn ihr jemand gesagt hätte, dass sie einen Nachbarn bekommen würde, der gut aussehend, aufmerksam und ehrlich war und der dazu auch noch unglaublich gut mit seinen Mitarbeitern und seinem Sohn umgeht, hätte sie wahrscheinlich gesagt: ‚Du spinnst doch!' Wenn ihr jemand gesagt hätte, dass Anouk die Worte Schule und Spaß in einem Satz nennen würde, dann hätte sie gesagt: ‚Ja, genau! Und morgen kommt der Weihnachtsmann!' Es war wie im Traum, ihr Leben war ein Traum – einer, der in Erfüllung ging.

Tobias' Gesichtsausdruck veränderte sich plötzlich. Er nahm sein Besteck, begann jedoch nicht zu essen. Etwas schien ihn zu beschäftigen. Er schien etwas sagen zu wollen, wusste jedoch nicht, wie er beginnen sollte. Er nahm allen Mut zusammen, holte tief Luft, doch bevor er sagen konnte, was ihm auf dem Herzen lag, tauchten Benjamin und Anouk auf.

„Hallo ihr zwei!", strahlte Benjamin. „Anouk gibt mir Nachhilfe in Mathe", platzte er heraus.

„Genau. Und im Gegenzug erklärt mir Benjamin Englisch", sagte Anouk.

„Toll!", rief Cynthia. „Das ist eine gute Idee. Dann könnt ihr nächste Woche gaaanz viel üben, während ich auf Mauritius bin."

„Ich finde, darüber sollten wir noch einmal reden", sagte Anouk und ließ sich neben ihrer Mutter nieder.

„Warum?", fragte Cynthia erschrocken.

„Weil du mich mitnehmen sollst! Ich war noch nie verreist", sagte Anouk. „Bitte! Bitte, bitte, bitte!"

Cynthia zog eine Schnute. „Anouk, das haben wir doch schon besprochen. Ich arbeite. Das wird keine Urlaubsreise. Außerdem sind keine Ferien."

„Aber ich war noch nie im Ausland."

„Dann wird es höchste Zeit", schaltete Tobias sich ein. „In den nächsten Ferien könnten *wir* verreisen. Alle zusammen."

„Ja, wenn du endlich mal aus 'm Knick kommst, Papa!", warf Benjamin ein.

„Was meinst du?" Tobias schaute betroffen. Auch Cynthia fragte sich, was Tobias mit *wir* meinte und schaute ihn fragend an.

Benjamin zog die Augenbrauen hoch und nickte in Richtung Cynthia.

Tobias saß auf der Bank und reagierte unbeholfen.

„Mensch, Papa, nun frag sie endlich, ob sie mit dir ausgeht!"

Tobias errötete, während Anouk und Benjamin sich grinsende Blicke zuwarfen.

„Ihr habt uns unterbrochen. Möchtet ihr euch nicht noch ein Eis holen?", fragte Tobias schnell.

Anouk begriff sofort und sprang auf. „Eis? Es gibt Eis? Natürlich wollen wir Eis. Komm, Ben, let's get ice cream."

„Sie lernt schnell", witzelte Benjamin mit einem Augenzwinkern und folgte Anouk.

Tobias räusperte sich und rutschte leicht nervös auf seinem Platz herum.

Cynthia legte den Kopf schief. „Muss ich mir jetzt Sorgen machen?"

„Sorgen? Weshalb?", fragte Tobias überrascht.

„Nun ja, du hast ja offensichtlich Schwierigkeiten, mir etwas zu sagen.

Tobias beugte sich lächelnd vor. „Okay, ich bin etwas aus der Übung, doch ich will mich *erwachsen* verhalten."

Jetzt war es Cynthia, die unsicher wurde.

Tobias fuhr fort: „Ich habe mich Hals über Kopf in dich verliebt." Jetzt war es raus. „Du bist unglaublich ehrlich, offen, laut. Ich liebe das. Du bist so liebevoll und hast das mit Anouk so wunderbar hinbekommen, Bernhard schwärmt von dir, dass ich fast eifersüchtig werde. Es ist an der Zeit, dir zu sagen, dass ich in deiner Gegenwart nicht mehr in der Lage bin, zu denken, geschweige denn geradeaus zu laufen. Als ich vorhin da oben stand und wahrgenommen habe, dass du mir zulächelst, erfüllte mich eine tiefe Freude und ein großes Vertrauen."

Plötzlich stand Cynthia auf, ging um den Tisch und fiel Tobias um den Hals. Er wusste nicht, wie ihm geschah. Doch die Erleichterung, dass Cynthia ihm entgegenkam, war im ganzen Universum zu spüren.

„Endlich", rief Benjamin von Weitem und Anouk fing an zu kichern.

„Oh-ha,", ertönte Elizabeths Stimme von hinten mit einem gespielten Räuspern. „Bin ich zu spät?"

Anouk kam und drehte sich um. „Oma Elli! Wo warst du so lange?“

„Ach Anouk, nachdem ich und die *EfA* so viel Aufmerksamkeit bekommen hatten, wurde ich nach der Rede von Eltern bestürmt, die noch nicht an einer Schulung teilnehmen konnten. Ich hatte unglaublich schöne Gespräche. Doch jetzt bin ich hier und habe wohl einiges verpasst, wie ich sehe.“ Elizabeth begrüßte die Kinder und blickte auf das glückliche Pärchen.

„Ich glaube, du kommst gerade richtig“, sagte Anouk.

Einmal mehr wurden die Eltern und die nun alle sich vertrauten Menschen, die sich der Sonnenbergschule verschrieben hatten, zu einem Zusammenkommen eingeladen.

Frau Haferstroh stand auf der Bühne der Aula. Dieses Mal nahm sie die Auszeichnung *Schule ohne Rassismus – Schule mit Courage* entgegen. Das bereits 1988 in Belgien entwickelte Konzept war nun auch an ihrer Schule umgesetzt worden. Dafür hatten sie ein ganzes Schuljahr verschiedene Aufgaben erfüllen müssen. Es war viel Arbeit, jedoch machte sie es in dem Moment zu ihrer Aufgabe, als Herr Stein mit so unglaublichem Engagement seinen Antrag in ihrem Büro vorstellte. Sie wollte ihren Anteil beitragen, um die Sonnenbergschule zu einem besseren Ort für Kinder und Jugendliche zu machen.

Elizabeth Reimer von der *ElternführerscheinAkademie* hatte für dieses Projekt die Patenschaft übernommen.

„Was hätten Sie gemacht, wenn wir nicht zugestimmt hätten?", fragte Tim leise.

Anouk zuckte mit den Schultern. „Keine Ahnung. Aber es ist doch schön, dass achtzig Prozent aller Schüler zugestimmt haben, bei dem Projekt mitzumachen. Wir hätten nur siebzig gebraucht."

„Das stimmt", sagte Benjamin lächelnd.

„Gut, dass Herr Müller das Ritual mit dem Torbogen eingeführt hat. Das hat der Organisation gefallen", sagte Anne.

„Stimmt." Anouk nickte. „Aber wir dürfen uns darauf nicht ausruhen. Wenn wir den Titel behalten wollen, können wir jedes Schuljahr erneut zeigen, dass wir uns aktiv für Toleranz einsetzen."

„Ich denke, das kriegen wir hin", sagte Benjamin selbstsicher. „An dem Restaurant haben wir schließlich auch mitgebaut."

„Das war echt heftig und hat mega Spaß gemacht", lächelte Anouk.

„Ja. Wir Jungs haben noch schwerer geschleppt als ihr", witzelte Tim ohne Ironie und Überheblichkeit.

„Das macht nix", feixte Anne. „So habt ihr gleich noch etwas Training gehabt."

Die Jungs rollten mit den Augen.

Frau Haferstroh bedankte sich noch einmal bei allen anwesenden Schülern. „Liebe Schülerinnen und Schüler, liebe Lehrkräfte, liebe Frau Reimer, ich danke euch für euren Einsatz, durch den wir diese Auszeichnung *Schule ohne Rassismus – Schule mit Courage* bekommen haben. Ich bin sicher, dass wir noch viele Jahre davon zehren werden, dass wir alle etwas enger zusammengerückt sind. Es ist ein gutes Gefühl, wenn man Zusammenhalt und Freundschaft pflegt und das Miteinander so erleichtert. Vielen Dank!"

Die Anwesenden applaudierten.

„Wollen wir noch zum Restaurant gehen?“, fragte Anouk im Anschluss.

Tim blickte auf seine Armbanduhr. „Okay, kann ich noch einrichten.“

Anne und Benjamin nickten.

Der Grundstein für ein harmonisches Schulleben mit Nachhaltigkeit in Zusammenhalt, Bewusstsein und Bewusstwerden, Themen ansprechen, durchhalten und durch Veränderungen annehmen wurde vor vielen Monaten gelegt, jetzt wurde gelebt.

Anouk konnte endlich sagen: **Schule macht Spaß!**

Warum dieses Buch raus wollte

Ich sitze hier auf meiner Terrasse, bin einundfünfzig Jahre alt und will der Welt etwas zurückgeben. Lass mich dir aus meiner Vergangenheit erzählen.

Mein Papa war Erstgeborener von fünf Kindern. Er ist in der Nachkriegszeit des Zweiten Weltkriegs aufgewachsen, mit einem Rektorvater mit Vornamen Adolf. Durch die Schläge mit dem Gürtel, Angst und Verlassenheit, Demütigungen und Nichtgesehenwerden, die meines Vaters erlebte, dachte ich, wenn ich das Wort „Schule" hörte, schon von Kindesbeinen an: ‚UAAAAAhhhh, das muss ein schrecklicher Ort sein.'

Mein Vater wurde nicht Lehrer, obwohl mein Großvater es gewünscht hatte.

Stattdessen wurde er Schriftsetzer, Bücherwurm und war politisch interessiert. Ein schlauer Bursche, mit Ecken, Kanten und einer gehöriger Portion Mut, um anders zu sein. Statt einem Porsche fuhr er Renault, statt großem Luxusurlaub in Amerika bevorzugte er den Charme von Jesolo in Italien. Viele Jahre bescherte er meinen Geschwistern und mir eine schöne Kindheit. Meine Schwester ist eineinhalb Jahre älter und mein Bruder sechs Jahre jünger als ich. Durch das viele Lesen meines Vaters fand auch ich meine Liebe und Achtsamkeit zur Literatur und erkannte die Bedeutung und Tragweite zur Sprache, zu Wörtern, zum Wirken und Sein.

Meine Mutter ist im Alter von zwölf Jahren aus der DDR geflohen und wurde mehr oder weniger ihrer Jugend beraubt. Ihre Gefühlswelt konnte sie nie wirklich leben. Härte war ihre Lösung für das Überleben. Sie hatte eine harte Mauer um sich herum aufgebaut, unter der sie selbst, so fühlte es sich zumindest für mich an, am meisten litt. „Mama, ich liebe dich so, wie du bist, und diese Art zu lieben, habe ich von dir gelernt." Ich durfte sein, wie ich wollte. Zumindest habe ich den Kampf darum mit ihr immer gewonnen. Ich war und blieb, wie ich bin, zumindest zu Hause, denn ich kam in die Schule. Von vielen hörte ich: „Toll, jetzt geht es los!! Jetzt beginnt der Ernst des Lebens!“ Doch wer war Ernst? Papas trauriges Gesicht? Ich wollte diesen Ernst nicht kennenlernen. Dieser Ernst des Lebens hatte meinen Vater geschlagen und meiner Mutter in ihrer neuen und unbekannten Welt nicht zugehört. In der neuen Welt meiner Mutter waren es die „bösen“ Kinder, die sie und ihre Schwester täglich beschimpften, schlugen und ihnen Angst machten. In der Schule hörte man ihr nicht zu. Ich mochte den Ernst schon als Kind nicht. Ich mochte ihn nicht, selbst ohne ihn zu kennen.

So vergingen die Jahre und ich wuchs heran. Meine Eltern gaben mir alles, was sie konnten. All die Liebe, die sie hatten, wenngleich nicht all das Verständnis, das ich als Kind gebraucht hätte. Doch woher sollte es kommen?

Heute bin ich frei von Vorwürfen, bin ohne Groll und nicht mehr nachtragend. Doch da ist noch mein Schmerz und auch der Schmerz meiner Eltern. Meine Schulzeit war der meines Vaters sehr ähnlich. Zwar ohne körperliche Schläge mit dem Gürtel, doch dafür mit sichtbaren und unsichtbaren Schlägen, die meinem Kopf und meinem Herzen Schmerzen verursachten. Oft hatte ich das Gefühl, die Lehrkraft hörte gar nicht, was ich sagte.

Zwei Beispiele möchte ich mit dir teilen:

Achte Klasse, Biologieunterricht, Bäume, Skelett, Bienen. Ich stellte dem Lehrer eine Frage. Seine Antwort sah wie folgt aus: Er kam an meinen Platz, nahm mein schweres Biobuch, schlug es mir auf den Kopf und sagte: „Ach Michaela, das kapierst du doch nicht. Lass einfach deine Fragerei.“ Was dann folgte, waren die Hänseleien meiner Mitschüler auf dem Schulhof, die mich auslachten und mich mit den Worten verspotteten: „Na, Michaela, können Bienen auch fliegen???“

Zehnte Klasse, Deutschunterricht, Aufsatz schreiben. Das Thema des Aufsatzes: „Mauerblümchen“.

Ich bekam meinen benoteten Aufsatz mit den Worten zurück: „Hast du das geschrieben?“

Ich nickte.

„Bist du dir sicher?“

Ich sagte: „Ja, ich saß doch hier und Sie haben mich gesehen. Wieso fragen Sie das?“

„Weil ich dachte, dies hätte eine erwachsene, erfahrene und weise Frau geschrieben.“

Ich hatte mit dieser Themenvorgabe die Chance genutzt und ließ all meinen Schmerzen, all meinen Gefühlen und all meinen Befindlichkeiten freien Lauf und dafür bekam ich eine Eins.

Was doch aus einem Kind hervorkommen kann, wenn es die Möglichkeit bekommt.

Meine Schulzeit und die Erlebnisse meiner Eltern prägten mich mein Leben lang.

In meiner Jungend spielte ich Theater und liebte es. Auf einer Bühne vor vielen Menschen, die ich zum Lachen einladen konnte, und alles nur mit meiner Art und meiner Kraft.

Nach der Schule lernte ich Groß- und Außenhandelskauffrau bei der Württembergischen Landeszentralgenossenschaft, mit Landwirten, Menschen nah an der Natur, Milchbauern, Schweinezüchtern und Ackerbauern. Es war eine herrliche, bodenständige, eigensinnige, liebevolle und familiäre Zeit.

Mit sechsundzwanzig Jahren ging ich in die Welt hinaus. Frei, ungebunden, jung, schön und ohne Geld. Ich bereiste die Welt, war in den USA, Japan, Kanada und Thailand. Allein. Es war wunderbar. Ich liebe fremde Kulturen und Menschen, wie sie sind und leben. Menschen, wie sie lachen, weinen, sich umarmen. Sogar das Beschimpfen sieht in anderen Sprachen gleich aus, wenngleich ich, ohne etwas zu verstehen, es manchmal lustig und wie im Theaterstück empfand. Nach zehn Monaten kam ich zurück zu meinen Wurzeln, nach Deutschland und in das kleine Dorf, in dem ich aufgewachsen war. Ich bekam eine wunderbare Arbeitsstelle, bei der ich mit Menschen auf der ganzen Welt zu tun hatte.

USA, Japan, Kanada, Singapur, Südafrika, Italien, Norwegen, Belgien, die ganze Welt eben.

Ich lernte meinen wunderbaren Mann kennen, bekam meine wunderbaren Töchter, die heute neun und fünfzehn Jahre sind.

Dann kamen Fragen auf. Welcher Kindergarten? Welche Schule? Welche Einrichtung überhaupt?

Fragen ohne Antworten. Fragen mit Antworten, die uns nicht gefielen.

Wir entschieden uns für den Waldorfkindergarten und Leben, Liebe, Zeit, sich zu ent-wickeln, einfach Kind zu sein. Dann folgte die Waldorfschule, dann die Regelschule.

Nach fünfunddreißig Berufsjahren in der Wirtschaft und dem dort wandelnden Umfeld, welches ich nicht mehr mittragen wollte, verließ ich meine Komfortzone.

Ich wurde Schulbegleiterin an einer Regelschule. Ich hatte dafür keine Ausbildung, denn dafür gibt es weder Lehrgänge noch Informationen, geschweige denn Schulungen oder gar eine Ausbildung. Glücklicherweise kam ich an eine Einrichtung, die mich mit viel Wissen versorgte. Ich war in einem Kinder- und Jugendheim, welches mit unglaublich viel Engagement, Wissen und Liebe Kinder an- und aufnimmt Die Menschen dort heilen die Kinder ein Stückchen und begleiten sie, so gut es ihnen möglich ist. Dafür bin ich ihnen im Namen aller Kinder heute noch sehr dankbar.

Es gab keine Ausbildung, mit der ich mich kompetent genug gefühlt hätte, um Kinder umfänglich und ausreichend begleiten zu können.

Über Bekannte kam ich zur Akademie *LernenVonInnen*. Direkt in meinem heutigen Wohnort um die Ecke gibt es die Tempelhofschule in Kressberg. Eine Schule zur freien Entfaltung. Dort durfte ich lernen, wie man Kinder an freien und aktiven Schulen begleitet. Ich saugte auf, was gut für mich und die Kinder war, und war Lernbegleiterin für freie und aktive Schulen!

Hörst du das? **Frei und aktiv!**

Für mich fühlte es sich wie ein Traum an! Freiheit und Aktivität in Kombination mit Schule. Wahnsinn!

Ab hier begann der Wunsch, ein Buch zu schreiben.

Frei sein hört sich als Erwachsene traumhaft an. Doch dies will gelernt und erfahren sein.

Aktiv sein – hört sich als Erwachsene unglaublich toll an. Doch selbst dies will begleitet sein.

Ich beschloss, mich weiterzubilden, und nach achtzehn Monaten, mit einem sehr guten Diplom in der Tasche, folgte ich weiter meinem Herzen.

Als ich mich zur Lernbegleitung für freie und aktive Schulen ausbilden ließ, wurde mir mehr als bewusst, was mein Schulalltag als Kind mit mir gemacht hatte. Schon als Kind liebte ich die Provokation. Ich bin gerne frech, vorlaut und laut. Doch ich wurde in der Schule ganz leise gestellt. Heute bin ich nicht zu laut, nicht zu frech und auch nicht zu vorlaut.

Als meine Kinder ins Schulalter kamen, war ich gerade im Begriff, meine Komfortzone „Festanstellung mit Rentenanspruch“ zu verlassen.

Ich hatte die Möglichkeit, Schulbegleiterin für Kinder an Regelschulen zu sein, da dafür meine Qualifikation als Unternehmerin „Mama“ ausreichend war.

Als ich die Schule das erste Mal wieder betrat, kamen durch die Gerüche alle meine Erinnerungen, Erfahrungen und mein ganzes erlebtes Schulleben zurück. Es hatte sich, zumindest äußerlich, so gar nichts verändert. Die Treppen waren abgenutzt, die Toiletten waren ... naja ... da gehe ich jetzt nicht näher darauf ein, das Handtuchpier war immer noch genauso hart, stinkend und rau.

Du kannst es mir glauben, sogar der Hauswirtschaftsunterricht beinhaltet noch – und ich übertreibe nicht – exakt denselben Lerninhalt wie zu meiner Zeit. Als hätte es nie eine technische Veränderung und die Einführung von wundersamen Küchenmaschinealleskönnern gegeben.

Der Umgang mit meinem Schüler war zum Teil ebenso respektlos und pädagogisch gefühllos, wie ich meine Lehrkräfte in Erinnerung hatte. Das ist mir heute als Mama und Erwachsene bewusst, damals als Kind war es das nicht.

Nach fünfunddreißig Jahren Berufserfahrung in vielen unterschiedlichen Unternehmen dachte ich: Wie können wir uns so etwas erlauben!? Wie können wir uns einen solchen Umgang überhaupt leisten? Wie können wir zulassen, dass unsere Kinder uns Erwachsene, die wir so oft gestresst und überfordert scheinen, ertragen müssen? Wir reden von Bildung und Kultur? Wir reden von Wertevermittlung und kreativen Schulabgängern? Doch wo sollen diese herkommen? Die Schule ist die Institution, in die ich mein Kind geben muss. In diese Einrichtung gebe ich das Wertvollste, das ich habe: mein Kind, das ich vorher liebevoll erzogen habe. Schlaflose Nächte, Streit mit meinem Mann, Verzicht auf meine berufliche Karriere und vieles mehr habe ich auf mich genommen, damit ich meine Kinder zu wundervollen, teamfähigen, kreativen, belastbaren, interessierten und aufmerksamen Menschen erziehen konnte. Mit sechs Jahren müssen sie anschließend in eine Einrichtung gehen, von denen die meisten Menschen, die ich getroffen und befragt habe, sagen: „Ich bin froh, dass ich nicht mehr zur Schule muss. Ich bin froh, dass ich nie wieder dahin muss und diese Zeit vorbei ist!" Als meine Kinder zur Schule kamen, durfte ich mir unter anderem sagen lassen: „Ihre Kinder sind eben zu anständig und brav", und ich fragte mich: „Also welche Welt stimmt denn nun?"

Ein Schauspieler sagte einmal, dass die größte Gewalt, die man ihm je angetan hat, in der Zeit in der Schule stattfand.

Dann lernte ich die Pädagogik von Rebeca Wild, Joseph Chilton Pearce, Virginia Axline und vielen anderen kennen. Lehren auf Augenhöhe, gewaltfreie Kommunikation, Integration und Wertschätzung. Eine Beziehung zum Kind darf aufgebaut werden, denn ohne Beziehung gibt es kein Lernen und ohne Lernen gibt es keine Beziehung.

Ich bin der festen Überzeugung, dass jeder Einzelne von uns ein*e Lernbegleiter*in ist, dass jeder von uns sein Bestes für sein Kind möchte und dass jeder dazu beitragen kann, dass Schule auch heute Spaß machen kann. Das gilt auch für die Regelschule, wenn wir anfangen hinzuhören. Wenn wir anfangen, alle zu fragen: Was brauchst du? Wenn wir nicht nur fragen, sondern auch ändern, auch wenn es wehtut. Für unsere Kinder!

Wenn wir nur auf unsere Sprache, auf unsere Körpersprache und auf unsere eigene Wahrnehmung achten, dann hören wir besser, was unsere Kinder sagen. Sie sagen: „Mama, chill mal, es ist nur Schule!"

Nur Schule? Ja, nur Schule. Nicht mehr, aber auch nicht weniger.

Ich wünsche dir und den Kindern, die du im Leben begleiten darfst, alles Gute.

Deine Michaela

Danksagung

Dankbar bin ich in erster Linie mir selbst und meinem Leben. Ich wurde mit einer wunderbaren Kraft, einer Gabe und Leidenschaft gesegnet, die ich heute, im Hier und Jetzt mit der Welt teilen kann. Dafür bin ich dankbar.

Papier ist geduldig? Papier ist beständig! Papier ist meine Möglichkeit, Dinge festzuhalten und nachzuschlagen.

Ich danke meiner Familie. Ohne meinen Mann, meine zwei Kinder, meinen Hund, meine Katzen und den Hasen wäre ich nicht die, die dieses Buch veröffentlicht hat.

Ich danke Susanne, die an mich glaubt, mich bestärkt und mir „hammermäßig" viel Kraft und Mut gibt.

Ich danke allen den Menschen, die mir es möglich gemacht haben, meine Gedanken, meine Erlebnisse, meine Erfahrungen und vor allem meine Vision in diesem frech benannten Buch, meinem Elternführerschein, zu bündeln.

Ich danke Marion für ihr Glücksuniversum. Als ich davon las, wünschte ich mir nichts sehnlicher, als dass genau dieses Glücksuniversum mein Buch verlegen sollte. Ich danke Grit für mein wunderschönes Cover und ich danke Angela, die meine EfA-Figur locker und leicht lebendig werden ließ. Ich danke Simone für ihr Konfetti und ich danke Nicole für meine Storyline, durch die ich alles aus mir herausarbeiten konnte, was heute in meinem Buch steht.

Ich danke der Akademie *LernenVonInnen*, Oswald Rabas, Rüdiger Bachmann und Katja Willenberg, die mich so begleitet haben, dass ich Grund genug habe, um zu sagen: Happy Birthday, Michaela! Ich durfte noch einmal zur Welt kommen: naiv, frech, frei und vor allem laut und lustig. Durch sie durfte ich erfahren, dass Schule etwas ganz Tolles sein kann, nämlich ein Ort, an dem mir jemand zuhört, an dem mich jemand fragt, wie es mir heute geht, und ein

Ort, an dem ich sein möchte. Ein Ort, an dem ich für's Leben vorbereitet werde und nicht alleine bin. Ein Ort, an den ich gerne zurückdenke, der mir Halt, Liebe und Verständnis vermittelt hat. Eben alle diese Werte, die wir oft so schmerzlich vermissen. Diese Art von Schule ist ein Ort, der das aus unseren kleinen Menschlein macht, was eben schon da ist: ein wunderbares Kind!

Über die Autorin

MICHAELA KLUNKER

Michaela Klunker wurde 1970 in Gaildorf geboren. Mit sechsundzwanzig Jahren zog es sie nach einem klassischen Ausbildungs- und Werdegang in die weite Welt und sie bereiste allein verschiedene Länder der Welt, u. a. die USA, Japan, Kanada und Thailand.

Sie erlebte in fünfunddreißig Berufsjahren als Exportsachbearbeiterin in verschiedenen Unternehmen deren Alltag, Menschen und Kulturen. Nachdem sie ihren Mann kennenlernte und selbst Kinder hatte, stellten sich die Fragen nach den Bildungseinrichtungen. Die Antworten, die die Mutter auf ihre Fragen bekam, gefielen ihr nicht. Das war einer der Gründe, weshalb sie sich für die Ausbildung zur Lernbegleiterin entschied. Mutig folgte sie ihrer wahren Berufung als Schulbegleiterin mit Herz und Seele. Mit ihrer *ElternführerscheinAkademie* spricht sie für die, die meist nicht gehört werden – für die Kinder. Mit ihrer Arbeit sorgt sie für Harmonie in Familien und Schulen.

Mit ihrem Buch verarbeitet sie ihre eigene Schulzeit und zeigt auf, wie es anders gehen kann.

Heute lebt die Autorin mit ihrem Ehemann, zwei wunderbaren Töchtern, einem Hund, zwei Katzen und zwei Hasen in Crailsheim/Baden-Württemberg. Ihr Leben ist vielfältig, lebhaft und auch anstrengend.

Nimm Kontakt zu Michaela und EfA auf.

Elternführerschein Academy
Im Schönblick 13
74564 Crailsheim

Telefon: +49 151 1077 1313
E-Mail: michaela.klunker@elternfuehrerschein.academy
www.elternfuehrerschein.academy

Das Wissen der headbased-Methode wird dir beim Aufbau von persönlichen Beziehungen, Führung von Mitarbeitenden, im Vertrieb und bei vielem mehr im Leben helfen.

Dank der Lektüre kannst du anschließend zwischen Gesichtsmerkmalen einen klaren Zusammenhang herstellen und dein Verhalten bewusst auf die Bedürfnisse deines Gegenübers anpassen.

Du erlernst ein System, das dir dabei hilft, objektiv einen klaren Zusammenhang zwischen bestimmten Gesichtsmerkmalen und Charaktereigenschaften herzustellen.

Dank des Profiling kannst du einen Menschen schon bei der ersten Begegnung richtig einschätzen und bessere und bewusste Entscheidungen treffen.

ISBN **Hardcover**-Print:
978-3-949536-02-1

ISBN **Softcover**-Print:
978-3-949536-07-6

ISBN **E-Pub**:
978-3-949536-06-9

www.headbased.com

Du bist vogelfreie Ü18 und willst ›*Hotel Mama*‹ verlassen? Oder bist du schon ein weiser Hase und suchst nach ein paar Kniffen und Tricks, die dir das Leben erleichtern?
Hast du in Mathematik gelernt, wie du ein Bankkonto eröffnest?
Oder zeigt dir ein Navi an, wie du eine Wohnung findest und worauf du im Mietvertrag achten solltest? Apropos Vertrag, worauf musst du bei Verträgen überhaupt achten?
Brauchst du Versicherungen? Und wenn ja, welche?
Wie erledigst du Behördengänge? Kennst du dich im Arbeitsrecht aus? Nein? Keine Panik!
Das alles ist kein Hexenwerk, aber mit Halbwissen gerätst du schnell in hässliche Stolperfallen.
Mit diesem leicht verständlichen Ratgeber wirst du an die Hand genommen, sodass du deine Pflichten im Vorbeilaufen erledigen und deine Rechte mit einem Lächeln einfordern kannst.

ISBN **Softcover**-Print:
978-3-949536-12-0

ISBN **E-Pub**:
978-3-949536-11-3

www.lilly-froehlich.de

"Nur sprechenden Menschen kann geholfen werden" sagte Marion Glück als Marineoffizier zu ihren Soldaten. Doch sie selbst traute sich nicht mit anderen über ihre Probleme zu sprechen. Als sie sich doch überwand, wurde sie als Hypochonder belächelt und abgestempelt. Trotz großer Familie und engem Freundeskreis, fühlte sich die Autorin jahrelang unglücklich und einsam. Mobbing, Depressionen und Suizidgedanken bestimmten ihr Leben.

In diesem Buch erzählt die Autorin ihre Geschichte. Mit humorvoller Leichtigkeit schafft sie es diese sensiblen Themen darzustellen und entmystifiziert gleichzeitig den Alltag in einer psychosomatischen Klinik während ihrer Therapie.

ISBN **Softcover**-Print:
978-3-949536-00-7

ISBN E-Pub:
978-3-949536-08-3

www.gluecksuniversum.de

Vielen Dank, dass du dich diesem Buch und den Gedanken der Autorenperle geöffnet hast.

Du bist neugierig und möchtest selbst

ein **Happyhero** werden?

Sei der neue **Star** im Glücksuniversum.

Registriere dich bei uns für deine Glücksimpulse.

Deine Marion

aus dem **Glück**suniversum